D1707342

SECRETOS DEL LIDERAZGO DE JESÚS

LAS HABILIDADES Y RASGOS CLAVE
DE UN LÍDER EXITOSO

MIKE MURDOCK

PENIEL

BUENOS AIRES - MIAMI - SAN JOSÉ - SANTIAGO
www.peniel.com

Secretos del Liderazgo de Jesús
Mike Murdock

Publicado por *Editorial Peniel*
Boedo 25 (1206) Buenos Aires - Argentina
Tel/Fax: (54-11) 4981-6178 / 6034
web site: www.peniel.com
e-mail: info@peniel.com

Publicado originalmente con el título:
The Leadership Secrets of Jesus
by Honor Books
Tulsa, Oklahoma, USA
Copyright © 1996 by Mike Murdock

Traducción al Español: Christian Gagliotti
Diseño de cubierta e interior: arte@peniel.com
Copyright © 2001 *Editorial Peniel*
ISBN N: 987-9038-56-8

Se ha utilizado la Biblia versión Reina-Valera,
Revisión 1960, salvo en los casos cuando se indica otra.

Impreso en los Estados Unidos
Printed in the U.S.A.

Contenido

Prefacio 7

PARTE I
Secretos del liderazgo para un éxito total 9

1   Jesús encontraba soluciones a los problemas 11
2   Jesús creyó en su producto 15
3   Jesús nunca representó mal lo que hacía 19
4   Jesús iba a donde la gente estaba 22
5   A Jesús le llevó tiempo descansar 26
6   Jesús dedicó tiempo para planear 29
7   Jesús sabía que no tenía que cerrar todas
    las ventas para ser un éxito 33
8   Jesús tenía algo que otros necesitaban 37
9   A Jesús le interesaban las finanzas de la gente 41
10 Jesús estaba dispuesto a ir a donde nunca había ido 47
11 Jesús nunca permitió que lo que otros decían
    sobre Él cambiara la opinión de sí mismo 50
12 Jesús entendió el tiempo y la preparación 54
13 Jesús desarrolló una pasión por sus metas 58
14 Jesús respetó la autoridad 61
15 Jesús nunca discriminó 64

16   Jesús ofreció incentivos 67

17   Jesús venció la afrenta de un trasfondo
cuestionable 71

18   Jesús nunca desperdició tiempo para
responder a los críticos 74

19   Jesús sabía que había un tiempo correcto y uno
incorrecto para acercarse a la gente 77

20   Jesús educó a los que hizo discípulos 81

21   Jesús rechazó desalentarse cuando otros
juzgaron mal sus motivos 84

22   Jesús rechazó llenarse de amargura cuando otros
fueron desleales o lo traicionaron 87

23   Jesús se relacionó con personas de
todos los trasfondos sociales 90

24   Jesús resistió la tentación 93

25   Jesús tomó decisiones que crearon un futuro
deseable en vez de un deseo presente 96

26   Jesús nunca juzgó a la gente por
su apariencia externa 99

27   Jesús reconoció la ley de la repetición 102

28   Jesús era un pensador del mañana 105

29   Jesús sabía que el dinero solo no
podía traer contentamiento 107

30   Jesús conocía el poder de las palabras
y del silencio 110

31   Jesús sabía que cuando usted quiere algo que nunca
tuvo, tiene que hacer algo que nunca hizo 113

32   Jesús permitió que la gente corrija sus errores 116

33   Jesús conocía su valor 118

34   Jesús nunca trató de tener éxito aislado 120
35   Jesús sabía que el dinero está en cualquier lugar
      donde quiera que realmente esté 122
36   Jesús estableció metas específicas 125
37   Jesús sabía que todo gran logro demandaba la
      disposición de empezar con pasos pequeños 128
38   Jesús se dolía cuando otros se dolían 131
39   Jesús no tenía miedo de mostrar sus sentimientos 135
40   Jesús conocía el poder del hábito 138
41   Jesús terminaba lo que comenzaba 141
42   Jesús conocía bien las Escrituras 144
43   Jesús nunca se apuró 147
44   Jesús iba donde era celebrado en vez
      de donde era tolerado 151
45   Jesús consultaba constantemente
      a su Padre Celestial 153
46   Jesús sabía que la oración genera resultados 156
47   Jesús se levantaba temprano 160
48   Jesús nunca sintió que tenía que rendir
      una prueba ante otros 163
49   Jesús evitó confrontaciones innecesarias 166
50   Jesús delegó 169
51   Jesús guardó cuidadosamente su agenda personal 172
52   Jesús hacía preguntas para determinar correctamente
      las necesidades y deseos de otras personas 175
53   Jesús siempre respondió con la verdad 178
54   Jesús permaneció en el centro de su experiencia 180
55   Jesús aceptó la responsabilidad por los errores
      de los que tenía bajo su autoridad 183

56   Jesús estuvo dispuesto a aprender de
hombres más experimentados 186

57   Jesús no permitía a los que guiaba,
que le mostraran falta de respeto 189

58   Jesús respetó la ley de la siembra y la cosecha 192

PARTE II
Cómo disfrutar la vida vencedora 197

Prefacio

Me apasiona ver a la gente *tener éxito* en la vida.

Y también a Dios, el Creador, le gusta.

Como el artista aprecia su pintura y el maestro artesano la calidad del violín que creó, así también nuestro Hacedor estima los sueños, las meta, los objetivos, la excelencia de vida y la felicidad que usted y yo podemos disfrutar.

Al buscar diligentemente los principios para la vida exitosa, de repente se me dio a conocer estas *dos fuerzas*: la <u>persona</u> de Jesús y los <u>principios</u> que Él puso en marcha. El poder *combinado* de estas dos influencias que yo denomino el **"Camino del Ganador".**

Los ganadores son simplemente ex-perdedores que se *enojaron*. Se cansaron del fracaso. **EL DÍA EN QUE USTED SE ENOJA CON SUS FRACASOS ES EL DÍA EN QUE COMIENZA A GANAR.** No empezará a ganar desde el exterior, siempre el inicio es ... **DESDE SU INTERIOR.**

LA FELICIDAD COMIENZA ENTRE SUS DOS OÍDOS. *Su mente es el cuarto de recepción para las circunstancias del mañana.* Lo que sucede dentro de su mente sucederá a su tiempo. *El manejo de la mente* es la prioridad número uno para un vencedor. "*... todo lo que es verdadero,*

7

todo lo honesto, todo lo justo, todo lo puro, todo lo amable, todo lo que es de buen nombre; si hay virtud alguna, si algo digno de alabanza, en esto pensad" (Filipenses 4:8).

El *sistema* que encontré en la Biblia *funcionó*. Este ha multiplicado mi gozo y aumentó mi habilidad para tener éxito miles de veces más. Los secretos del Liderazgo de Jesús que están a continuación son sabiduría para vivir.

Marque la fecha de hoy en su calendario. ¡Declare que los días más productivos y felices de su vida empiezan **HOY**! Nunca, nunca, nunca se rinda. Puede **ESTAR A MINUTOS DE SU MILAGRO**.

Escribí este libro *para usted*. Oro para que cada página le dé el *estímulo agregado* que necesita para hacer su vida más feliz y más satisfactoria que nunca antes.

PARTE I

Secretos del Liderazgo
para un éxito total

Jesús encontraba soluciones a los problemas

"CADA UNO DE NOSOTROS AGRADE A SU PRÓJIMO EN LO QUE ES BUENO, PARA EDIFICACIÓN."

Romanos 15:2

Todos tenemos problemas.

El éxito y felicidad en la vida dependen de su disposición para ayudar a otros a resolver sus problemas. **La gente exitosa simplemente son los que encuentran soluciones a los problemas.** Un abogado exitoso resuelve problemas **legales.** Los médicos resuelven los problemas que crean las enfermedades. El mecánico de autos resuelve problemas de los automotores.

Jesús encontraba soluciones a los problemas.

Miles estaban cargados de culpa por sus pecados. Jesús ofreció **perdón.** Miles estaban hambrientos espiritualmente. Jesús dijo: "Yo soy el pan de vida" (Juan 6:35). Cientos tenían cuerpos heridos con enfermedades y dolencias. Jesús "... andaba haciendo bien, y sanando a todos lo que estaban oprimidos por el diablo" (Hechos 10:38). Muchos estaban poseídos con espíritus malignos. Jesús los *liberó.*

Jesús tenía algo que las demás personas necesitaban.

Jesús solucionó los problemas de la gente. Esta es la razón por la que miles se sentaban durante días cuando les enseñaba en relación a las leyes de Dios y cómo tener relaciones extraordinarias con las personas.

Los principios de Jesús eran declarados con audacia. La vida eterna. El gozo. La paz interior. El perdón. La sanidad y la salud. La libertad financiera.

Tome un inventario de usted mismo. ¿Qué tiene para ofrecerle a la gente? ¿Qué *disfruta* hacer? ¿Qué *intentaría hacer si supiera que es imposible fracasar?*

Usted no es un accidente. Dios planeó su nacimiento. "Antes que te formase en el vientre te conocí, y antes que nacieses te santifiqué, te di por profeta a las naciones" (Jeremías 1:5).

Todo lo que Dios hace es una solución a un problema. Toda persona que Dios creó es una solución a un problema. Dios quería una relación de amor. Entonces, creó a Adán. Adán estaba solo. Entonces, Dios creó a Eva. Las relaciones son el eslabón de oro que vincula la creación.

Piense en su *contribución* para otra persona, como una *tarea* de parte de Dios. Un abogado está asignado a su cliente. Una esposa está asignada a su esposo. Los padres a sus hijos. Los empleados a su jefe.

Su tarea siempre es para una o más personas.

Por ejemplo, Moisés fue asignado a los israelitas. Aarón fue asignado a Moisés.

Su tarea siempre *resolverá un problema*. Su vida es una solución para alguien en problemas. Encuentre a los que lo necesitan y lo que usted tiene para ofrecerles. Edifique su vida alrededor de esa contribución.

Jesús lo hizo.

Oración

Padre, haz que yo sea una persona que resuelve problemas. Dáme tus ojos para encontrar a los que me necesitan y ayúdame a identificar cómo puedo ayudarlos. Gracias por crearme para ser una solución a un problema. En el nombre de Jesús, amén.

Preguntas

¿Con qué problema específico recientemente ha luchado y lo ha resuelto exitosamente?

¿Cómo puede ayudar a otros a aplicar a su propia situación lo que ha aprendido al resolver su propio problema?

LLAVE DE SABIDURÍA

"Todo lo que Dios creó es una solución a un problema."

¿Cómo puede hacer una contribución positiva durante la próxima semana en la vida de alguien a quien fue asignado?

Jesús creyó en su producto

"SÉ DILIGENTE EN CONOCER EL ESTADO DE TUS OVEJAS, Y MIRA CON CUIDADO POR TUS REBAÑOS."

Proverbios 27:23

La duda es mortal.

¿Ha entrado alguna vez a un cuarto y sintió odio en la atmósfera? ¿Ha entrado alguna vez a un cuarto y sintió amor, energía y emoción? ¡Por supuesto! *Sus pensamientos tienen presencia.* Son como corrientes que se mueven por el aire. Esos pensamientos son capaces *de acercar a la gente, o alejarla.*

Su actitud siempre se siente. Nunca tendrá éxito en ningún negocio a menos que realmente crea en ese negocio. *Sus dudas finalmente saldrán a la superficie.* Debe creer en el producto que está promoviendo.

Mire la vida de Jesús. Creyó que podía *cambiar* a la gente. Creyó que su producto *satisfaría* a la gente. "Cualquiera que bebiere de esta agua, volverá a tener sed; mas el que bebiere del agua que yo le daré, no tendrá sed jamás; sino que el agua que yo le daré será en él una fuente de agua que salte para vida eterna" (Juan 4:13-14).

15

¿Qué lo hace creer en su producto? El conocimiento del producto.

Su producto era vida. "El ladrón no vino sino para hurtar y matar y destruir; yo he venido para que tengan vida, y para que la tengan en abundancia" (Juan 10:10).

Jesús vio los productos dañados. Sabía que Él era el enlace para su reparación. Nadie podía tomar su lugar, y lo sabía. "Mis ovejas oyen mi voz, y yo las conozco, y me siguen" (Juan 10:27).

Usted debe dedicar tiempo y hacer el esfuerzo para *conocer su producto*. Puede fastidiarlo o aún parecerle innecesario. Puede estar ansioso por vender su producto, recibir la ganancia, y seguir con su vida. *Pero el éxito no sucede de ese modo.*

Un abogado debe estudiar leyes nuevas. Un médico debe leer las últimas noticias en relación al cuerpo y las nuevas enfermedades. Un policía tiene que estudiar sus armas, las leyes de su comunidad, sus derechos y la forma de pensar de los criminales. Si no estudia esto, sabe que "esta muerto en las calles". Su vida esta en peligro. No espere tener éxito a menos que esté completamente informado sobre su producto.

LLAVE DE SABIDURÍA

"Cualquier cosa que se le haya dado, es lo que alguien necesita."

¿Está desalentado por su trabajo?

¿Se siente un poco desesperanzado? Entonces, le sugiero que se haga algunas preguntas honestas que examinarán su conciencia. ¿Cuánto *tiempo* ha pasado en cultivar el conocimiento de su negocio? ¿Cuántas horas cada día ha *invertido en informarse*? ¿Está tan ocupado en tratar de "hacer plata" que realmente no ha desarrollado un poderoso entendimiento y confianza en lo que hace?

LLAVE DE SABIDURÍA

"La información engendra confianza."

Jesús estaba muy ocupado. Enseñaba, predicaba, viajaba, realizaba milagros y hacía discípulos. Sin embargo, siempre tomó tiempo para estar a solas con su Padre y renovar el entendimiento de su propósito, su plan y su producto. "Mi pueblo es destruido por falta de conocimiento" (Oseas 4:6).

Jesús creyó en su producto.

Oración

Padre, gracias por colocar dentro de mí diligencia para conocer mi producto/servicio/carrera en toda su extensión. Sé que tú me has dado ideas y métodos para ayudar a otras personas. Enséñame a desarrollar un poderoso entendimiento y confianza en lo que promuevo. En el nombre de Jesús, amén.

Preguntas

En tres oraciones o menos, ¿cómo definiría su producto?

¿Qué recursos usa para mantenerse informado sobre su producto?

¿Cuánto tiempo pasa cada semana en oración por su organización?

Jesús nunca representó mal lo que hacía

"NO PAGUÉIS A NADIE MAL POR MAL; PROCURAD LO BUENO DELANTE DE TODOS LOS HOMBRES."

Romanos 12:17

Los mentirosos finalmente serán expuestos.

Pueden pasar semanas, meses o aún años, pero la verdad se revela. "El que encubre sus pecados no prosperá; mas el que los confiesa y se aparta alcanzará misericordia" (Proverbios 28:13).

Cualquiera que negocia con usted quiere la verdad, toda la verdad. La gente tiene miedo a las malas representaciones.

Jesús tenía el mayor producto de la Tierra: la salvación. Ofreció a la raza humana una oportunidad para relacionarse con Dios. Habló del cielo y de los ángeles. "En la casa de mi Padre muchas moradas hay; si así no fuera, yo os lo hubiera dicho; voy, pues, a preparar lugar para vosotros" (Juan 14:2).

Pero Jesús nunca pintó un cuadro distorsionado.

Advirtió a sus discípulos de la *persecución*: "Y guardaos

de los hombres, porque os entregarán a los concilios, y en sus sinagogas os azotarán" (Mateo 10:17).

Jesús habló de *aflicciones*. "Entonces os entregarán a tribulación, y os matarán, y seréis aborrecidos de todas las gentes por causa de mi nombre" (Mateo 24:9).

Habló de la *soledad*. "Las zorras tienen guaridas, y las aves del cielo nidos; mas el Hijo del Hombre no tiene dónde recostar su cabeza" (Mateo 8:20).

Jesús creyó en preparar personas para posibles situaciones que pudieran suceder. Fue honesto. Su enseñanza fue más allá de una filosofía "ilusa".

Escuche al apóstol Pablo: "De los judíos cinco veces he recibido cuarenta azotes menos uno. Tres veces he sido azotado con varas; una vez apedreado; tres veces he padecido naufragio; una noche y un día he estado como náufrago en alta mar" (2 Corintios 11:24-25).

¡Esto ciertamente no suena como la charla ideal de ventas a un grupo de estudiantes de la escuela bíblica! Pablo tampoco representó mal su producto.

Jesús hablo a muchas personas de las buenas cosas y de los beneficios que ofrecía, pero fue también rápido en contarles sobre el cuadro *completo*. Luego, estarían preparados para enfrentar sus pruebas.

Mencione los beneficios. Enfóquese en las ventajas que su producto o su negocio le ofrecerán a otra persona. Pero nunca olvide *que una relación honesta vale cien ventas.*

Su integridad siempre será recordada más tiempo que su producto.

Jesús era honesto.

Oración

LLAVE DE SABIDURÍA

"Déle a otra persona lo que no puede encontrar en ninguna otra parte, y esa persona seguirá acercándose a usted."

Padre, te pido que me ayudes a desarrollar y mantener un estándar de verdad e integridad. Fortaléceme cuando lucho para ser más como Jesús: sincero, honesto, digno de confianza. Gracias porque me sostendrás cuando alcance tus estándares. En el nombre de Jesús, amén.

Preguntas

¿Cuáles son algunos ejemplos que ha visto o experimentado cuando la verdad dio resultado?

¿Cómo manejaría una situación en la cual usted le dio a alguien información incorrecta por error, pero corregirla le costaría una venta o amenazaría su trabajo?

Jesús iba a donde la gente estaba

"PORQUE VOSOTROS, HERMANOS, A LIBERTAD FUISTEIS LLAMADOS; SOLAMENTE QUE NO USÉIS LA LIBERTAD COMO OCASIÓN PARA LA CARNE, SINO SERVÍOS POR AMOR LOS UNOS A LOS OTROS."

Gálatas 5:13

Alguien lo necesita a usted.

Vaya y búsquelo. Actívese a usted mismo. Muévase hacia sus vecinos. Muévase hacia los miembros de su familia. Tome el teléfono. Envíe un *email*. Siga adelante, escriba esa breve nota a tal íntimo amigo. Puede ser tímido, y aún sentirse inadecuado, pero no tendrá éxito en la vida a menos que esté conectado con la gente.

El éxito involucra a la gente. Hay gente que le ofrece la oportunidad de tener éxito, pero no siempre están dispuestos para acercarse a usted. En realidad, raramente lo hacen. *Usted debe acercarse a ellos.*

¿Por qué piensa que hay expendedoras de diarios en cada esquina y máquinas de gaseosas en todos los pisos de un hotel?

La gente exitosa es accesible.

Usted nunca poseerá lo que no está dispuesto a buscar.

Jesús sabía esto. No estableció un trono en medio de cada ciudad ni dijo: "Este es mi palacio. Es el único lugar donde pueden verme". Fue al mercado. Fue a los botes de los pescadores. Fue a la sinagoga. Fue a los hogares de la gente. Fue a todas partes. Jesús "pasaba por todas las aldeas, anunciando el evangelio y sanando por todas partes" (Lucas 9:6).

Jesús fue accesible.

¿Qué es lo que le impide a usted extenderse a otras personas? ¿Es un miedo interno o un temor a ser rechazado? ¿Está intimidado de alguna manera? Hay algo mucho más importante que el rechazo: *sus sueños y metas.*

Las personas exitosas son gente que se extienden a los demás. Temen al rechazo, pero creen que su meta vale la pena.

Jesús dejó la comodidad. Dejó la presencia de ángeles y a su Padre celestial. Caminó voluntariamente en una atmósfera impía e imperfecta. Salió de un reino magnífico y perfecto a un mundo confuso, manchado y mortal. Pero entró *en* las vidas de los que lo necesitaban.

LLAVE DE SABIDURÍA

"Nunca poseerá algo que no está dispuesto a buscar."

Jesús iba a donde estaba la gente.

23

El sueño suyo está conectado con la gente. Los abogados necesitan clientes. Los doctores necesitan pacientes. Los cantantes, músicos. La gente de venta, clientes.

Jesús fue a donde la gente estaba dolorida. Fue a los cojos, a los ciegos, a los pobres, a los ricos. Hablaba a los cultos, a los ignorantes, a los hambrientos, a los sedientos.

Comience su "lista de gente hoy". Hay dos tipos de personas en su vida: 1) los que ya saben que usted tiene algo que ellos necesitan, y 2) los que todavía no lo saben.

Su lista de gente puede incluir a sus parientes, vecinos, al vendedor, al jardinero, a la manicura, al peluquero, al médico o al abogado.

Hay una *Ley de Relación* que dice que toda persona está simplemente a cuatro personas de distancia de otro ser humano en la Tierra. ¡Piense en esto! Simplemente significa que usted conoce a Guillermo, que conoce a Ester, que conoce a Carlos, que conoce a alguien más que le gustaría conocer. *Usted ya está relacionado con todo el mundo.*

Simplemente tiene que salir de su casa. Salga de su auto. Vaya a la puerta. Extiéndase a su teléfono. Utilice su correo electrónico.

El éxito siempre comienza en alguna parte.

El éxito siempre comienza en algún momento.

El éxito siempre comienza con alguien.

Usted debe ir a donde la gente está.

Jesús lo hizo.

Oración

Señor, ¡te alabo por tu magnífica creación de hombres y mujeres! Te pido que me ayudes a extenderme a otros a mi alrededor con audacia y confianza, como nunca antes. Sé que me has dado un plan y una oportunidad para llegar a otros y tener éxito con ellos. En el nombre de Jesús, amén.

Preguntas

¿Qué paso tomará en las próximas dos semanas para acercarse y establecer un contacto de negocios o una mejor asociación?

¿Qué organización visitará en los próximos treinta días para relacionarse con un grupo más grande de personas?

¿Qué talento, habilidad especial o información conveniente compartirá con una persona esta semana para ayudarla a crecer?

5

A Jesús le llevó tiempo descansar

"Y ACABÓ DIOS EN EL DÍA SÉPTIMO LA OBRA QUE HIZO; Y REPOSÓ EL DÍA SÉPTIMO DE TODA LA OBRA QUE HIZO."

Génesis 2:2

La fatiga puede ser costosa.

Un notable presidente de los Estados Unidos conoció esto. Absolutamente rechazó tomar cualquier decisión importante después de las 16:00. Sabía que *una mente cansada raramente toma buenas decisiones.*

Una mala decisión puede crear incontables tragedias.

El descanso y la recreación no son pecado. El tiempo de descanso es tiempo de *reparación. No* es una pérdida de productividad. Es tiempo de *renovación.* Es *tiempo para recibir.* Ayuda a *liberar* su potencial.

Jesús era un hombre de acción, una "persona de gente". Produjo. Sanó. Predicó y enseñó. Caminó entre la gente. Pero también conocía la necesidad del descanso y la relajación. "Venid vosotros aparte a un lugar desierto, y descansad un poco" (Marcos 6:31).

Piense en esto. Todos los días Jesús enfrentaba a cientos

26

de enfermos y afligidos que clamaban por su atención. Muchos estaban poseídos. Las madres se llegaban a Él. Los padres le pedían que orara por sus hijos. Los chicos no querían que los dejara.

Pero Jesús *se apartó... para recibir.*

Jesús sabía que solo podía dar lo que poseía. El tiempo de trabajo es *dar.* El tiempo de descanso es *recibir.* Usted debe tener ambos.

Dios creó la Tierra en seis días, pero se tomó el tiempo para *descansar* en el séptimo. Estableció un ejemplo para nosotros. *Jesús hizo lo mismo.*

Jesús entendió el equilibrio del descanso y el trabajo, que podría ser la razón por la que pudo lograr tanto en tres años y medio.

La vida es exigente. La gente es exigente. En realidad, cuánto más éxito usted tenga, la gente más demandará de su vida.

La reconstrucción de usted mismo demandará su atención.

Trabaje duro, pero juegue con el mismo entusiasmo. *Agéndelo.* Tome un día a la semana libre, completamente libre. Relájese totalmente. Enfóquese en algo completamente diferente a su trabajo.

LLAVE DE SABIDURÍA

"La fe sale cuando la fatiga entra."

27

Su mente pensará con más claridad. Tomará mejores decisiones. Verá la vida con ojos diferentes. Logrará mucho más en menos tiempo.

Frene su empuje frenético por el éxito. Tome tiempo para *probar el presente*. Los fuegos del deseo *siempre* rugirán dentro de usted. Debe dominar ese furor y enfocarlo correctamente. Aprenda a descansar.

Jesús lo hizo.

Oración

Señor, enséñame a descansar. Muéstrame cómo puedo volverme a ti, refrescarme y rejuvenecer. Sé que sin descanso no puedo lograr las metas y deseos que tú has puesto dentro de mí. ¡Gracias por tu descanso! En el nombre de Jesús, amén.

Preguntas

¿Con qué frecuencia realmente programa un tiempo de descanso y relax?

¿Qué hace para descansar su mente en el trabajo? ¿Y en su hogar?

Si tuviera un día libre entero para usted, ¿qué haría?

Jesús dedicó tiempo para planear

"CON SABIDURÍA SE EDIFICARÁ LA CASA (UNA VIDA, UN
HOGAR, UNA FAMILIA), Y CON PRUDENCIA SE AFIRMARÁ
(SOBRE UN FUNDAMENTO SANO Y BUENO); CON CIENCIA
SE LLENARÁN LAS CÁMARAS (DE TODAS SUS ÁREAS)
DE TODO BIEN PRECIADO Y AGRADABLE."
Proverbios 24:3-4 (v. Amplificada)

Los campeones planean.

La planificación es el punto de partida para todo sueño o meta que usted posee.

¿Qué es un plan? Un plan es una lista escrita de acciones ordenadas necesarias para lograr la meta deseada. "Escribe la visión, y haz que resalte claramente en las tablillas, para que pueda leerse de corrido" (Habacuc 2:2 NVI).

Jesús planeó su futuro. "En la casa de mi Padre muchas moradas hay; si así no fuera, yo os lo hubiera dicho; voy, pues, a preparar lugar para vosotros" (Juan 14:2).

Piense por un momento. Dios programó el nacimiento, la crucifixión y la resurrección de su Hijo antes de la fundación del mundo. "Y lo adoraron todos los moradores cuyos nombres no estaban en el libro de la vida del cordero que fue inmolado desde el principio" (Apocalipsis 13:8).

Pienso que es bastante fascinante que Dios programe una comida, la cena de las bodas, ¡seis mil años por anticipado! "Bienaventurados los que son llamados a la cena de las bodas del cordero" (Apocalipsis 19:9).

Dios siempre honró a los hombres que planearon.

Noé *planeó* la edificación del arca. Salomón, el hombre más sabio que haya existido en la Tierra, *dedicó tiempo* para planear la edificación del templo. Moisés, el libertador que sacó a los israelitas de Egipto, *se tomó el tiempo para planear* el tabernáculo.

La Biblia es *el plan de Dios* para usted, para el mundo y para la eternidad. Es la prueba innegable de que Dios piensa por adelantado. La mayor parte de la Biblia es profecía, una descripción del futuro antes de que ocurra.

LLAVE DE SABIDURÍA

"El secreto de su futuro está escondido en su rutina diaria."

Jesús enseñó: "Porque ¿quién de vosotros, queriendo edificar una torre, no se sienta primero y calcula los gastos, a ver si tiene lo que necesita para acabarla? No sea que después de que haya puesto el cimiento, y no pueda acabarla, todos lo que lo vean comiencen a hacer burla de él, diciendo: Este hombre comenzó a edificar, y no pudo acabar. ¿O qué rey, al marchar a la guerra contra otro rey, no se sienta primero y considera si puede hacer frente con diez mil al que viene contra él con veinte mil?" (Lucas 14:28-31).

Haga una lista de cosas para hacer todos los días de su vida. Escriba seis cosas que quiere lograr este día. Enfoque su atención total en cada tarea. Asígnele un tiempo específico a cada tarea. (Si no puede planear los cosas para veinticuatro horas en su vida, ¿qué lo hace pensar que logrará sus deseos para los próximos veinticuatro años?)

Considere cada hora como si fueran empleados. *Deléguele una tarea específica a cada hora.* ¿Qué quiere lograr entre las 08:00 y las 09:00? ¿A quién debería llamar por teléfono hoy?

Escriba su plan claramente en una hoja de papel. *Los éxitos son generalmente eventos programados.* Los fracasos no.

Planificar cuesta trabajo. Es tedioso. Minucioso. Es duro, exigente y cansador. En mi opinión personal, la planificación detallada realmente nunca es divertida. *Pero algunas veces tenemos que hacer algo que odiamos para crear algo que amamos.*

¿Por qué la gente evita la planificación? Algunos la evitan porque les consume tiempo. Están tan ocupados "absorbiendo el agua" que no se toman el tiempo para "cerrar la canilla".

El secreto de tu futuro está escondido en su rutina diaria.

Aún las hormigas piensan por anticipado. "Ve a la hormiga, oh perezoso, mira sus caminos, y sé sabio; la cual no teniendo capitán, ni gobernador, ni señor, prepara en el verano su comida, y recoge en el tiempo de la siega su mantenimiento" (Proverbios 6:6-8).

Jesús tuvo un plan.

Oración

Padre, te agradezco por darme la habilidad de planear. Te pido que me des sabiduría para ordenar mi rutina diaria de modo que me permita aprovechar cada hora al máximo. En el nombre de Jesús oro, amén.

Preguntas

¿Cuál es el mayor obstáculo que usted enfrenta para ser un planificador más firme?

¿Cómo vencerá este obstáculo en los próximos veintiún días?

Jesús sabía que no tenía que cerrar todas las ventas para ser un éxito

---

"NO NOS CANSEMOS, PUES, DE HACER BIEN;
PORQUE A SU TIEMPO SEGAREMOS, SI NO DESMAYAMOS."

Gálatas 6:9

"No", simplemente quiere decir "pide otra vez".

Pare un momento. Revise sus experiencias pasadas. Usted enfrentó rechazo cuando era un niño. Algunos de sus compañeros no lo querían. Pero siguió adelante de todas maneras, ¿no?

El rechazo no es fatal. Es simplemente la opinión de alguien.

Jesús experimentó más rechazo que cualquier ser humano que haya vivido en la Tierra. Llegó a este mundo en un establo. Nació como un desterrado en la sociedad. Aún hoy, los conductores de programas de *talk show* lo empequeñecen y se ríen de Él y de sus seguidores. El nombre de Jesús es usado diariamente como una maldición por millones de personas. Su propio pueblo lo rechazó.

"A lo suyo vino, y los suyos no le recibieron" (Juan 1:11).

¿Se rindió Jesús? Cuando Judas lo traicionó, ¿se permitió desmoralizarse? No. *Jesús sabía que no tenía que cerrar todas las ventas para ser un éxito.* Siguió con los demás, con los que discernían su valor. "Mas a todos los que le recibieron, a los que creen en su nombre, les dio potestad de ser hechos hijos de Dios" (Juan 1:12). Conocía su *valor.* Conocía su *producto.*

Jesús sabía que las críticas morirían, pero su plan era eterno.

Estaba dispuesto a experimentar una *estación de dolor* para crear una *eternidad de ganancia. Algunas cosas duran más tiempo que el rechazo*: sus metas y sueños.

Muévase más allá de sus cicatrices. No todos lo felicitarán. No todos le darán la bienvenida a su futuro.

LLAVE DE SABIDURÍA

"Algunas veces usted tiene que hacer cosas que odia para crear algo que ama."

Alguien necesita lo que usted tiene. Su contribución es una absoluta necesidad para el éxito de alguien. Disciérnalo.

Los fariseos rechazaron a Jesús. La secta religiosa denominada saduceos rechazó a Jesús. Los líderes religiosos lo despreciaron. Los que deberían haber reconocido su valor quisieron destruirlo.

Jesús arriesgó el rechazo para convertirse en el eslabón de oro entre el hombre y Dios.

Babe Ruth fue famoso por muchos años como el rey local de la carrera en la historia del béisbol. ¡Muchas personas nunca se han dado cuenta que tenía más *strikeouts* que cualquier otro bateador! No se acuerdan de sus errores y pérdidas cuando bateaba. Simplemente recuerdan sus éxitos. Pero Babe estaba dispuesto a arriesgar un *strikeout* con tal de ganar el partido.

La mayoría de los grandes vendedores dicen que el saber que catorce de quince personas dirán no, los inspira a apurarse y hacer sus presentaciones a tantas personas como sea posible, para alcanzar al que la aceptará.

Jesús enseñó a sus discípulos cómo manejar el rechazo. "Y si alguno no os recibiere, ni oyere vuestras palabras, salid de aquella casa o ciudad, y sacudid el polvo de vuestros pies" (Mateo 10:14).

¡Salte de su mecedora! Haga esa llamada telefónica. Escriba esa carta. Envíe su correo electrónico.

Jesús lo haría.

Oración

Señor, te agradezco por tu fidelidad y seguridad en todo tiempo. Te agradezco por enseñarme que algunas veces debo estar dispuesto a experimentar una estación de dolor para recibir una de ganancia. Tú me has dado la gracia para hacer eso que no me gusta hacer, para lograr eso que quiero. En el nombre de Jesús, amén.

Preguntas

¿Cómo ha vencido exitosamente la objeción de un cliente en una venta, o el rechazo de una nueva idea o propuesta?

¿Qué dos pasos específicos tomará para cambiar la manera de responder cuando alguien le diga "No" en el futuro?

Jesús tenía algo que otros necesitaban

"Y TODA LA GENTE PROCURABA TOCARLE, PORQUE PODER SALÍA DE ÉL Y SANABA A TODOS."

Lucas 6:19

Usted fue creado para cambiar a alguien.

Toda persona con la que usted se encuentra hoy está tratando de *cambiar* la vida de alguna manera. Desean la excelencia. Quieren *libertad financiera*. Quieren que su *salud* mejore. Odian la soledad. Usted no fue enviado a todos, pero definitivamente fue enviado a alguien.

Puede no estar calificado para ayudar a todas las personas que conoce. Pero *alguien necesita algo que usted posee*. Puede ser su calidez, su amor, sus dones o una oportunidad especial que puede proveerles.

Jesús lo entendió. Sabía que podía *cambiar* a la gente para *bien*. Poseía algo que podía eliminar la tristeza y el dolor del corazón de la vida de la gente. Fue un *restaurador*. Fue un *reparador*. "El ladrón no viene sino para hurtar y matar y destruir; yo he venido para que tengan vida, y para

37

que la tengan en abundancia" (Juan 10:10). Jesús entendió el apetito insaciable por la excelencia y el avance personal.

Hay cuatro clases de personas en su vida: los que suman, los que sustraen, los que dividen y los que multiplican. Cada relación lo afectará, para bien o para mal. *Los que no lo ayudan a aumentar inevitablemente lo ayudarán a disminuir*. "El que anda con sabios, sabio será: mas el que se junta con necios será quebrantado" (Proverbios 13:20). *Cada relación alimenta una fuerza o una debilidad dentro suyo.*

Miles de personas quieren *cambiar*. Pero lo que sucede es que no saben *cómo* hacerlo. Cada alcohólico odia su atadura. La mayoría de los fumadores anhelan dejar el vicio. Los drogadictos se sientan por horas preguntándose cómo pueden romper sus cadenas de esclavitud.

Jesús buscó a la gente en problemas. Esta es la razón por la que le dijo a sus discípulos que necesitaba pasar por Samaria, donde se encontró una mujer con cinco matrimonios en los que había fracasado. Él le habló. Ella escuchó. Jesús cambió su vida tan drásticamente que ella volvió a la ciudad proclamando la influencia de Jesús en su vida. *Ella conquistó su pasado enfocándose en su futuro.*

LLAVE DE SABIDURÍA

"Solo puede conquistar su pasado si se enfoca en su futuro."

"Mas el que bebiere del agua que yo le daré, no tendrá sed jamás; sino que el agua que yo le daré será en él una fuente de agua que salte para vida eterna" (Juan 4:14). Jesús es el agua para los sedientos. Es el pan para los **hambrientos**. Es el camino para los **perdidos**. Es el compañero para los **solitarios**.

Deténgase un momento. ¿Cuáles son sus dones más grandes? ¿Cuál es el *centro de su experiencia*? ¿Es *un buen oyente*? ¿Es un buen *orador*? Cualquiera fuere su don, eso es lo que Dios usará para bendecir a otros a través de usted.

José tuvo la habilidad de interpretar sueños. Rut se encargó del cuidado de Noemí.

Es posible que no todos necesiten de su don, pero en definitiva *alguien* lo requiere.

¿Quién necesita su don? ¿Cuál es su don? ¿La vida de quién es capaz de mejorar hoy? ¿El ingreso de quién podría usted mejorar? ¿A quién puede afectar infundiéndole paz mental?

Usted es capaz de motivar a *alguien*. Quizás puede proveer un clima o atmósfera que descubra la creatividad de otras personas. La gente quiere tener éxito. La gente quiere mejorar.

Algunas personas lo han esperado durante toda la vida. Vale la pena buscarlas. Usted es el eslabón de oro que falta en la vida de esas personas.

La gente quiere cambiar.

Jesús lo sabía.

Oración

Gracias, Padre, que has colocado dentro de mí un don necesario para alguien en el mundo hoy. En la fuerza de Jesús, pude vencer mi pasado y enfocarme en mi don y en las posibilidades de ese don. Tú me has creado para un propósito. Ayúdame a encontrar a los que me necesitan más. En el nombre de Jesús oro, amén.

Preguntas

¿Cómo ha usted cambiado la vida de alguien durante el mes pasado?

¿Qué técnicas de motivación ha encontrado para ser el más efectivo en descubrir la creatividad de otras personas?

¿Qué don especial tiene usted que a menudo da a otros?

A Jesús le interesaban las finanzas de la gente

*"MI DIOS, PUES, SUPLIRÁ TODO LO QUE OS FALTA
CONFORME A SUS RIQUEZAS EN GLORIA EN CRISTO JESÚS."*
Filipenses 4:19

El dinero es una recompensa.

El dinero es lo que usted recibe *cuando ayuda a alguien
a lograr su meta*.

El sueldo es simplemente una recompensa del día. A usted se lo recompensa por pasar sus mejores horas cada día, usar su energía y su conocimiento en ayudar a su jefe a alcanzar metas específicas. ¡Le pagan por su trabajo!

El dinero es muy importante. No puede vivir en el hogar sin él. No puede proveer para su familia. Su automóvil cuesta dinero. Su ropa cuesta dinero. La mayoría de los consejeros matrimoniales observan que el caso número uno de divorcios es el conflicto financiero.

Jesús reconoció la importancia del dinero.

Algunas personas piensan que Jesús era un vagabundo que

usaba una capa sucia y sandalias, y que vivía de las migajas que comía en los lugares que visitaba. Al contrario, tenía doce hombres que manejaban su negocio. Uno de ellos era el tesorero (Juan 13:29).

Jesús no quería que usted se preocupara por sus finanzas. "Por tanto os digo: No os afanéis por vuestra vida, qué habéis de comer o qué habéis de beber; ni por vuestro cuerpo, qué habéis de vestir. ¿No es la vida más que el alimento, y el cuerpo más que el vestido? Mirad las aves del cielo, que no siembran, ni siegan, ni recogen en graneros; y vuestro Padre celestial las alimenta. ¿No valéis vosotros mucho más que ellas?" (Mateo 6:25-26).

Jesús sabía que Dios amaba darle a la gente cosas buenas. "Toda buena dádiva, y todo don perfecto desciende de lo alto, del Padre de las luces, en el cual no hay mudanza, ni sombra de variación" (Santiago 1:17).

El dinero es un hecho en la vida. Es necesario. Usted lo necesita. El dinero está en la mente de Dios. Se enseña sobre finanzas en la Palabra de Dios. En realidad, veinte por ciento de las enseñanzas y conversaciones de Jesús eran sobre el dinero y las finanzas.

Dios ama ver a su pueblo prosperar. "Canten y alégrense los que están a favor de mi justa causa, y digan siempre: Sea exaltado Jehová, que ama la paz (prosperidad) de su siervo" (Salmo 35:27 NVI).

Dios quiere revelar maneras en que usted puede producir

ganancias y éxito en sus finanzas. "Yo soy Jehová Dios tuyo, que te enseña provechosamente, que te encamina por el camino que debes seguir" (Isaías 48:17).

Jesús mostró a la gente *cómo avanzar financieramente* a través de sus parábolas sobre usar los dones e invertir sabiamente lo que les había dado (Mateo 25:14-29).

Su futuro comienza con cualquier cosa que tenga en su mano hoy.

Nada es tan pequeño para no multiplicarse. Todo es *reproductivo*. Todos han recibido algo de parte de Dios que es capaz de reproducirse.

Jesús mostró a la gente que Dios era la verdadera fuente de todo (Mateo 6:31-34).

Jesús enseñó que dar es una de las maneras de multiplicar lo que nos ha dado. "Dad, y se os dará; medida buena, apretada, remecida y rebosando darán en vuestro regazo; porque con la misma medida con que medís, os volverán a medir" (Lucas 6:38).

LLAVE DE SABIDURÍA

"Su futuro comienza con cualquier cosa que esté hoy en sus manos."

Jesús enseñó a abrir la promesa del reintegro de cien veces más. "No hay ninguno que haya dejado casa, o hermanos, o hermanas, o padre, o madre, o mujer, o hijos, o tierras, por causa de mí y del evangelio, que no reciba cien veces más ahora en este tiempo; casas, hermanos, hermanas, madres, hijos, y tierras, con persecuciones; y en el siglo venidero la vida eterna" (Marcos 10:29-30).

Jesús enseñó que usted puede salir de sus problemas. "Dad, y se os dará; medida buena, apretada, remecida y rebosando darán en vuestro regazo; porque con la misma medida que usas, os volverán a medir" (Lucas 6:38).

Jesús enseñó a los pescadores dónde tirar sus redes para atrapar los peces (Lucas 5:1-11). Note estos increíbles secretos:

1) Jesús visitó a la gente *donde* ellos trabajaban.

2) Jesús estaba tan interesado en su trabajo que los instruyó en el tiempo correcto para tirar las redes para pescar.

3) Los discípulos tenían suficiente confianza en el conocimiento de Jesús que siguieron adelante y tiraron de nuevo las redes, en total obediencia.

LLAVE DE SABIDURÍA

"Todos han recibido de Dios algo que tiene la capacidad de reproducirse."

4) Pescaron más que nunca, tanto que la red se rompía.

5) El éxito fue tan extraordinario que necesitaron compañeros para ayudarles a recoger los pescados.

6) Cuando los discípulos vieron el conocimiento increíble, el interés y los resultados de seguir las

instrucciones de Jesús, se dieron cuenta cuán pecadores eran, cuán limitados estaban.

7) Trajeron sus barcos a tierra y decidieron seguir totalmente a Jesús y sus enseñanzas.

Jesús dedicó tiempo para instruir a sus discípulos dónde conseguir dinero para los impuestos. "Vé al mar, y echa el anzuelo, y el primer pez que saques, tómalo, y ábrele la boca, hallarás un estatero; tómalo, y dáselo por mí y por ti" (Mateo 17:27).

Estas son las verdades: Jesús le mostró a la gente *dónde* podía encontrarse dinero. Los *motivó* a tratar de nuevo y considerar opciones y cambios. Enfocó la mente de la gente en su *verdadera fuente*: el Padre celestial. Los desafió a hacer de los asuntos *espirituales* una prioridad. Luego, los motivó a considerar su dar *como una semilla dada en fe para segar la promesa de la cosecha al ciento por uno*. Los alentó a *esperar una cosecha* de todo lo que sembraron en la obra de Dios para ayudar a ser libres a otros.

Si hay algo más excitante que descubrir la libertad económica a la manera de Dios, es ayudar a otros a descubrir el plan de Dios para la libertad financiera también.

Jesús lo hizo.

Oración

Padre, descanso y confío en ti como la fuente para todas mis necesidades financieras. Ayúdame a entender plenamente que la llave para recibir finanzas está en sembrar finanzas cuando tú me diriges, no importa la cantidad. Por favor, enséñame también cómo puedo mostrarles a otros la manera de descubrir la libertad financiera. En el nombre de Jesús, amén.

Preguntas

¿Qué llaves de sabiduría le ha revelado el Señor sobre la planificación financiera en su vida? ¿Cómo puede compartir estas pepitas de oro con otros?

¿Con qué firmeza diezma y da ofrendas para la obra del Señor?

¿Qué bendiciones ha recibido como resultado de su siembra?

Jesús estaba dispuesto a ir a donde nunca había ido

"DESPUÉS OÍ LA VOZ DEL SEÑOR, QUE DECÍA:
¿A QUIÉN ENVIARÉ, Y QUIÉN IRÁ POR NOSOTROS?
ENTONCES RESPONDÍ YO: HEME AQUÍ ENVÍAME A MÍ."
Isaías 6:8

La geografía marca una diferencia.

Los ananás crecen bien en Hawaii. No así en Alaska. **La atmósfera importa.** El clima es importante para que cualquier semilla crezca. Sin embargo, usted puede necesitar cambiar ubicaciones y situaciones para descubrir el potencial completo de su éxito.

El éxito demanda gente. Nunca tendrá éxito sin relacionarse con diferentes tipos de personas. Quizás algunas personas no sean fácilmente accesibles. Quizás tenga que dejar las comodidades de su hogar u oficina para alcanzarlos y lograr éxito extraordinario.

Recientemente me sorprendí por lo que vi en la vida de Jesús. Él estaba constantemente en *movimiento*, constantemente *cambiaba* su ubicación.

"Cuando descendió Jesús del monte" (Mateo 8:1). "Él entró a Capernaum" (8:5). "Vino Jesús a casa de Pedro" (8:14). "Entrando él en la barca" (8:23). "Cuando llegó a la otra orilla, a la tierra de los gadarenos" (8:28).

Jesús estaba constantemente en movimiento, iba y venía, de una parte a otra, visitaba lugares nuevos. Buscaba estar rodeado de gente nueva. Y trasmitió su enseñanza con muchos tipos de personas de trasfondos variados.

Algunas personas no vendrán adonde usted está. Tiene que ir a sus hogares, a sus ciudades y a sus ambientes.

Una vez Jesús les dijo a sus discípulos que fueran al aposento alto. Debían permanecer allí hasta que recibieran la maravillosa experiencia del Espíritu Santo. Les dijo esto a quinientas personas. Trescientas ochenta desobedecieron. Aun después que vieron su resurrección y su vida de milagros, solo ciento veinte de las quinientas realmente siguieron su instrucción. Pero los que estuvieron dispuestos a ir a un lugar diferente –al aposento alto– recibieron el maravilloso derramamiento del Espíritu Santo.

Abraham, el patriarca de los israelitas, tuvo que hacer cambios geográficos antes de dar a luz su éxito (Génesis 12:1-2).

José halló increíble éxito *en otro país*, Egipto.

Rut voluntariamente dejó su familia pagana en Moab y se fue a Betel con Noemí. Allí conoció a Booz, un gigante financiero de la comunidad, y se casó con él.

Es normal seguir adelante hacia los que están fácilmente accesibles.

Algunas veces usted tiene que ir a alguna parte que nunca fue, antes de probar el éxito extraordinario que quiere experimentar.

Jesús lo hizo.

Oración

Padre, sé que tienes un plan para mí. Te pido que me ayudes a estar dispuesto a ir a donde nunca he ido antes, para que puedas ayudarme a crear el éxito que nunca he experimentado. En el nombre de Jesús, amén.

Preguntas

¿Qué beneficios ha experimentado al cambiar de trabajo, de compañías o de ubicaciones geográficas?

¿Cómo puede prepararse o ayudar a otros a enfocarse en las oportunidades y no en los obstáculos cuando se enfrentan a tiempos de cambio?

Jesús nunca permitió que lo que otros decían sobre Él cambiara la opinión de sí mismo

"Bienaventurados seréis cuando los hombres os aborrezcan, y cuando os aparten de sí, y os vituperen, y desechen vuestro nombre como malo, por causa del Hijo del Hombre. Gozaos en aquel día, y alegraos, porque he aquí vuestro galardón es grande en los cielos; porque así hacían sus padres con los profetas."

Lucas 6:22-23

Nadie lo conoce a usted realmente.

Considere esto por un momento. Casi todos en su vida están más preocupados con ellos mismos que con usted. Entonces, usted sabe más sobre sí mismo que cualquier otra persona que lo conozca. Nunca se olvide de eso.

No es lo que los hombres dicen sobre usted lo que realmente importa. *Lo que importa es lo que cree sobre usted mismo.*

50

Jesús fue difamado. Fue acusado falsamente. Decían que estaba poseído por demonios. Incontables acusaciones eran lanzadas en contra de Jesús todos los días de su vida, pero nunca lo afectaron.

Jesús sabía para qué estaba. Creía en sí mismo. Creía en su producto. Sabía que sus acusadores eran ignorantes, incultos y arrogantes. Sabía que simplemente le tenían miedo.

La gente siempre lucha contra lo que no entiende. *La mente siempre se resentirá por todo lo que no puede manejar.* En las guerras se pelean por ignorancia y temor. A través de la historia de la humanidad, los nombres de los campeones fueron manchados y deshonrados. Acusaciones y mentiras difamadoras han venido en contra de grandes líderes políticos así como de ministros. Así es la vida. Daniel fue acusado de quebrantar la ley. José fue falsamente acusado de violar a la esposa de su jefe. Pablo fue acusado de ocasionar atropellos a través del odio y la división en relación a los sistemas de creencias de la gente religiosa.

Jesús nunca le rogó a nadie que creyera en Él. Sabía que *la integridad no podía ser comprobada, debe ser discernida.*

Jesús nunca perdió el tiempo con críticas. Mantuvo la atención en su meta. *Permaneció enfocado.*

LLAVE DE SABIDURÍA

"Debe estar dispuesto a ir a donde nunca fue, para crear algo que nunca ha tenido."

¡Acusaron a Jesús de estar lleno de demonios! Pero Él no prestó atención. Simplemente continuó echándolos fuera (Mateo 12:24).

Jesús nunca luchó para "parecer bueno". Simplemente era bueno. No trabajó para aparentar ser verdadero. *Fue verdadero*. Nunca luchó para tener una buena reputación. *Tenía carácter*.

Toda persona exitosa quiere ser amada y admirada, pero los enemigos y críticos tratarán de manchar su reputación. Usted debe levantarse por encima de esa realidad. Nunca debe permitir que lo que otros digan sobre usted cambie su opinión personal. Nunca.

Jesús no lo permitió.

Oración

Oro, Señor, porque no quiero perder el tiempo en relación a mí mismo y con lo que la gente dice sobre mí. Te agradezco por la fuerza y fidelidad para no caer en una apariencia de bien o integridad, sino para ser una persona de bondad, verdad y carácter. En el nombre de Jesús, amén.

Preguntas

¿Respondió de manera positiva o reaccionó negativamente la última vez que alguien dijo algo negativo o irreal sobre usted?

Si pudiera volver atrás, ¿qué haría diferente?

Enumere tres ejemplos de personas que se han levantado por encima de las circunstancias cuando de ellas hablaron mentiras o las rechazaron. ¿Qué hicieron para responder positivamente?

Jesús entendió el tiempo y la preparación

"POR LA FE NOÉ, CUANDO FUE ADVERTIDO POR DIOS ACERCA DE COSAS QUE AÚN NO SE VEÍAN, CON TEMOR PREPARÓ EL ARCA EN QUE SU CASA SE SALVASE."

Hebreos 11:7

Los campeones nunca se apuran.

La calidad de la preparación determina la calidad del desempeño.

Los grandes concertistas de piano invierten cientos de horas de prácticas antes de un concierto. Saben que la cantidad y la calidad de las horas agotadoras de práctica los prepara para sus mejores desempeños. El campeón mundial de peso pesado sabe que no puede entrar al ring con su oponente sin preparación previa. Sería demasiado tarde. Durante muchas semanas antes de la gran pelea, trabaja en sus entrenamientos matutinos, corre y sigue un programa de ejercicios.

Los campeones no se **convierten** en campeones arriba del ring. Simplemente allí se los **reconoce**. El proceso para **convertirse** en líderes sucede en la **rutina diaria**.

Jesús nunca se apuró.

Jesús no comenzó su ministerio terrenal cuando tuvo treinta años. Su ministerio fue tan corto como tres años y medio.

Su tiempo de preparación fue de treinta años.

Jesús fue muy sensible al tiempo. Cuando su madre le dijo que a la gente le faltaba vino en las bodas de Caná, contestó: "¿Qué tienes conmigo, mujer? Aún no ha venido mi hora" (Juan 2:4). Obviamente, Dios planeaba una presentación pública del ministerio de Jesús, pero Jesús vio una necesidad y respondió a la fe que María expresó cuando dijo: "Haced todo lo que os dijere" (Juan 2:5).

Algo **bueno** sucede a cada momento de su vida. *Algo* crece. Puede ser la semilla de la paciencia o una nueva amistad que recién nació. Puede ser también que se revelen las debilidades de sus planes. Cualquier cosa que fuere, cada momento produce algún resultado específico por su esfuerzo.

Busque la recompensa del momento actual, sin considerar si parece ser un éxito o un fracaso. Los capítulos de preparación en su vida no son demoras en su éxito futuro. Cada capítulo y momento tiene un beneficio y un producto, si usted los busca.

LLAVE DE SABIDURÍA

"Las municiones seleccionadas por su enemigo son una clave del miedo que le tiene."

Hace varios años, un amigo

mío recién había comenzado un negocio. Estaba muy emocionado de su extraordinario potencial. Sin embargo, no quiso ocupar tiempo en aprender a presentar el plan a otros. Sentía que era "demasiado detallado". Cuando lo vi vacilar en sus conversaciones con otros, finalmente dije: "Aprende el negocio, estudia los productos. Dedica tiempo para aprender los detalles. *Si dedicas tiempo para prepararte, tu presentación tendrá credibilidad*". La gente tendrá confianza al volverse parte de su negocio. Usted no puede aprender todos lo detalles la primera noche que los oye, pero no se preocupe: separe unas horas cada semana para comenzar a preparar su presentación.

El tiempo de preparación nunca es tiempo desperdiciado.

Le llevará tiempo conocer su negocio. Le llevará tiempo conocer su producto. Le llevará tiempo desarrollar una lista de clientes.

Piense en la vida de Jesús. Veía a cientos con enfermedades y dolencias, pero su tiempo no había llegado. Veía a miles torcidos por la tradición y el legalismo de los sistemas religiosos, pero sabía que su Padre lo hacía crecer. "Y Jesús crecía en sabiduría y en estatura, y en gracia para con Dios y los hombres" (Lucas 2:52).

LLAVE DE SABIDURÍA

"La integridad no puede ser comprobada, debe ser discernida."

Jesús se *preparó*.

Oración

Padre, gracias por enseñarme que los campeones no se hacen, sino que se reconocen. Con tu fuerza, puedo convertir al tiempo en mi siervo y prepararme con excelencia para que mi desempeño refleje excelencia. En el nombre de Jesús, amén.

Preguntas

¿De qué maneras puede prepararse para ser más efectivo en su trabajo durante los próximos treinta días?

Considere un ejemplo cuando usted no fue sensible al tiempo correcto en una situación importante.

¿Qué aprendió a hacer de manera diferente después de ese episodio?

Jesús desarrolló una pasión por sus metas

"Y TODO LO QUE HAGÁIS, HACEDLO DE CORAZÓN, COMO PARA EL SEÑOR Y NO PARA LOS HOMBRES."

Colosenses 3:23

Pasión es poder.

Nunca tendrá éxito significante con algo hasta que ese algo se convierta en su obsesión. Una obsesión es cuando algo consume su tiempo y pensamientos.

Usted será recordado en la vida por su obsesión. Henry Ford, por el automóvil. Thomas Edison, por los inventos. Billy Graham, por el evangelismo. Oral Roberts, por la sanidad. Los hermanos Wright, por el avión.

Jesús tenía una pasión por su misión y por su meta en la vida. *"Porque el Hijo del Hombre vino a buscar y a salvar lo que se había perdido"* (Lucas 19:10). *"Cómo Dios ungió con el Espíritu Santo y con poder a Jesús de Nazaret, y cómo éste anduvo haciendo bienes y sanando a todos los oprimidos por el diablo, porque Dios estaba con él"* (Hechos 10:38).

Jesús se enfocó en cumplir las exactas instrucciones de su Padre celestial. Sanó a los enfermos. Advirtió la soledad. Vino a hacer a la gente exitosa, a restaurar y reparar las vidas para que tuvieran plena comunión con su Padre.

La obsesión de Jesús lo llevó a la cruz. Lo llevó a la crucifixión. Veinte centímetros de espinas fueron apretadas en su frente. Una lanza traspasó su costado. Perforaron sus manos con clavos. Treinta y nueve azotes de un látigo destrozaron su espalda. Un comentario menciona que cuatrocientos soldados escupieron su cuerpo. Su barba fue arrancada de su cara. Pero *estaba obsesionado con la salvación de la humanidad.*

Y tuvo éxito.

Usted puede empezar pequeño. Puede comenzar con muy poco. Pero si lo que ama comienza a consumir su mente, sus pensamientos, su conversación, su programa está en camino hacia el éxito extraordinario.

¿Teme ir al trabajo cada mañana? ¿Mira el reloj para ver cuándo termina de trabajar cada tarde? ¿Su mente vaga todo el día pensando en otros lugares o en otras cosas que le gustaría hacer? Entonces probablemente no tendrá demasiado éxito en lo que hace.

LLAVE DE SABIDURÍA

"Solo tendrá éxito significante con algo que sea su obsesión."

Encuentre algo que lo consuma, algo alrededor de lo cual sea digno edificar toda su vida.

Jesús lo hizo.

Oración

Padre, sé que a menos que ponga mi corazón en una meta, no la alcanzaré. Te pido que me des la diligencia y la sabiduría para tornar tu meta en mi deseo más fuerte. Sólo podré sacar algo de provecho de una cosa donde haya puesto antes mi interés. En el nombre de Jesús, amén.

Preguntas

¿Cuál es un deseo especial que usted tiene en relación a su futuro?

En un puntaje de uno a diez, ¿cómo mediría su nivel de pasión para que ese deseo se cumpla?

¿Qué hará los próximos treinta días para poner un plan en acción y así tornar ese deseo en realidad?

Jesús respetó la autoridad

"SIERVOS, OBEDECED A VUESTROS AMOS TERRENALES CON TEMOR Y TEMBLOR, CON SENCILLEZ DE VUESTRO CORAZÓN, COMO A CRISTO; NO SIRVIENDO AL OJO, COMO LOS QUE QUIEREN AGRADAR A LOS HOMBRES, SINO COMO SIERVOS DE CRISTO, DE CORAZÓN HACIENDO LA VOLUNTAD DE DIOS."

Efesios 6:5-6

La autoridad crea orden.

Imagine una nación sin líder. Un lugar de trabajo sin jefe. Un ejército sin general. La autoridad crea orden y mantiene las cosas correctamente ordenadas. ¡Esta es la razón por la que usted no estaciona su auto en su baño! ¡No come sus comidas en el garaje! Hay un tiempo y un lugar para todo.

Respete a los que están en autoridad sobre usted. Su éxito es afectado por la autoridad. Honre a los que han vivido antes de usted. Ellos poseen una riqueza de conocimiento. Escuche. Aprenda. Obsérvelos.

Aprender de nuestro mentor es la llave maestra para el éxito extraordinario.

Jesús entendió esto. Era el Hijo de Dios. Sabía más que cualquier otro ser humano en la Tierra. Aún así, honró la autoridad del gobierno romano. Cuando la gente fue a Él y cuestionó su opinión de pagar los impuestos al César, respondió: "Dad a César lo que es de César, y a Dios lo que es de Dios" (Marcos 12:17).

¿Está hablando palabras de duda sobre su propia organización? ¿Está empequeñeciendo a los que están en autoridad sobre usted? ¡Pare ahora! Es cierto, los que están en autoridad pueden no ser perfectos. Cometen errores. (¡Quizás esta es la razón por la que lo toleran. Si fueran perfectos, quizás ni querrían dirigirle la palabra!)

Si usted se rebela en contra de cada instrucción que se le da, entonces no se queje cuando los que están a su alrededor comiencen a rebelarse en contra de sus palabras y opiniones. Aprenda a honrar y respetar a los que están en autoridad.

Jesús lo hizo.

LLAVE DE SABIDURÍA

"Nunca será promovido hasta que sea calificado en su actual posición."

Oración

Padre, sé que el respeto por la autoridad viene directo de tu Palabra. Te pido que me recuerdes a cada paso que mi éxito depende mucho más de mi respeto y actitud hacia los que están en el liderazgo sobre mí. Oro para que tú estés con ellos y los honres en todo lo que hagan. En el nombre de Jesús, amén.

Preguntas

¿Con qué frecuencia ora por los que están en autoridad sobre su persona?

¿Qué hará los próximos siete días para mostrar honor y aprecio hacia una persona que está en autoridad sobre usted?

Jesús nunca discriminó

"TAMBIÉN ESTOS SON DICHOS DE LOS SABIOS: HACER
ACEPCIÓN DE PERSONAS EN EL JUICIO NO ES BUENO."

Proverbios 24:23

Trate a la gente correctamente.

Hace algunos años, Elvis Presley hizo un concierto en Indianápolis, Indiana. Uno de mis amigos íntimos, un *sheriff* de esa ciudad, estaba a cargo de la seguridad privada. Notó que un hombre vestido con un viejo piloto de lluvia andaba por ahí, como si fuera un vagabundo. Cuando mi amigo se preparó para desalojarlo del edificio, alguien lo paró y le dijo: "Este hombre es el Coronel Parker, el manager de Elvis Presley". Quedó sorprendido, asombrado. Había juzgado mal al hombre por su apariencia.

Deténgase de prejuzgar a la gente. Su primera impresión es siempre limitada. Posiblemente es muy equivocada. **Solo los tontos hacen decisiones permanentes sin conocimiento.** Nunca asuma que su intuición o percepción es siempre correcta.

Su éxito en los negocios será afectado por el prejuicio, el miedo y cualquier discriminación que se permita.

Jesús nunca discriminó por raza, sexo, estado financiero o apariencia.

Estaba cómodo en presencia de los pescadores o de los recolectores de impuestos de su tiempo. Estaba tranquilo con hombres y mujeres, ricos y pobres.

Jesús sabía que toda persona tiene potencial. Nunca eliminó a alguien solo por su pasado. Nacido de una madre que lo concibió en virginidad, sabía lo que significaba tener un trasfondo cuestionable. Pero superó esto.

Jesús rompió con la tradición. Cuando los samaritanos eran considerados una clase inferior de personas y los judíos no les hablaban, Jesús sí les habló. En realidad pasó un tiempo con la mujer samaritana al lado del pozo; hizo consideraciones sobre toda su vida y ***cómo Él podía cambiarla.***

Pedro lo dijo de esta manera: "Entonces Pedro, abriendo la boca, dijo: En verdad comprendo que Dios no hace acepción de personas" (Hechos 10:34).

Santiago lo escribió con estas palabras: "Porque si en vuestra congregación entra un hombre con anillo de oro y con ropa espléndida, y también entra un pobre con vestido andrajoso, y miráis con agrado al que trae la ropa espléndida y le decís: Siéntate tú aquí en buen lugar; y decís al

LLAVE DE SABIDURÍA

"Nadie es siempre como parece al principio."

pobre: Estate tú allí en pie, o siéntate aquí bajo mi estrado; ¿no hacéis distinciones entre vosotros mismos, y venís a ser jueces con malos pensamientos?" (Santiago 2:2-4).

Nunca elimine a nadie de la cadena de su éxito.

Jesús rechazó hacer discriminaciones.

Oración

Padre, sé que tú has creado a todas las personas y todos son iguales en tu vista. Gracias por darme la sabiduría para no condenar o prejuzgar a alguien solamente por las primeras impresiones. Confío en tu paciencia y discernimiento. Tú me revelarás el verdadero carácter y las intenciones, y no confiaré simplemente en las apariencias. En el nombre de Jesús, amén.

Preguntas

¿Qué porcentaje de su tiempo pasa con gente que viste, actúa y hace cosas como usted?

¿Qué puede hacer para apoyar e incluir a hombres y mujeres con talentos, niveles de experiencia, trasfondos y culturas diversas en su grupo de negocios?

Jesús ofreció incentivos

"HE AQUÍ YO VENGO PRONTO, Y MI GALARDÓN CONMIGO,
PARA RECOMPENSAR A CADA UNO SEGÚN SEA SU OBRA."

Apocalipsis 22:12

Recompense a los que lo ayudan a alcanzar el éxito.

La gente es motivada por dos fuerzas: el dolor o el placer, el miedo o la recompensa, la pérdida o la ganancia.

Por ejemplo, usted puede pedirle a su hijo que corte el pasto. Él refunfuña y se queja: "Pero papi, no quiero cortar el pasto hoy. Quiero ir a jugar con mis amigos".

Usted tiene dos maneras de motivarlo: el dolor o el placer, el miedo o el incentivo, la pérdida o la ganancia. Por ejemplo, puede decirle: "Entonces hijo, arrodíllate. Tendré que disciplinarte con la vara". Esta es la motivación del *dolor*.

O puede usar el sistema de la recompensa: "Hijo, sé que no quieres hacerlo, pero si lo haces, te pagaré $ 10". Este es el *incentivo*. La recompensa. La ganancia.

Jesús usó ambos métodos para motivar.

Jesús usó la motivación del miedo con los fariseos que

67

lo ridiculizaban. Les describió cómo el hombre rico fue al infierno y fue "atormentado en esa llama" (Lucas 16:24).

Sin embargo, cuando Jesús hablaba a sus discípulos, usaba recompensas e incentivos para motivarlos. "En la casa de mi Padre muchas moradas hay; si así no fuera, yo os lo hubiera dicho; voy, pues, a preparar lugar para vosotros" (Juan 14:2).

Usted está creado con un deseo de *incrementar. La disminución no es natural.* Recuerde: cada persona que conoce tiene un *apetito por el desarrollarse y crecer.* Quieren ser beneficiados. No hay nada de malo en esto. Hay un mandamiento dado por Dios en el interior de cada persona para llegar a ser más, *para multiplicarse* (Génesis 1:28).

Examine cuidadosamente los beneficios que usted ofrece a otros. ¿Quién *necesita* su producto? ¿Por qué lo *necesitan*? *¿Qué problema* solucionará su producto en su vida? ¿Qué cosa ofrece a otros que ellos no *pueden encontrar en ninguna otra parte*?

LLAVE DE SABIDURÍA

"Siempre se acercará a quien lo hace crecer y se alejará de quien lo hace disminuir."

Estudie los incentivos de su negocio presente. Conózcalos "como la palma de su mano".

La gente nunca compra su producto por las razones que usted lo vende. Compran productos *por el beneficio que obtendrán*.

David preguntó qué recompensas

vendrían a él si mataba al gigante Goliat. Se le dijo que nunca tendría que pagar impuestos de nuevo, y que podría casarse con la hija del rey. Tomó cinco piedras y mató al gigante. *Tenía motivación. Tenía incentivo.*

La gente hace cosas por diferentes razones. Entreviste a la gente. Hágale preguntas. Descubra cuáles son sus mayores temores.

Recuerde: usted está *para resolver un problema*. Tómese el tiempo para mostrar a otros "qué hay en el problema para ellos". Asegúrese de que entiendan las recompensas y los beneficios de trabajar con usted.

Jesús lo hizo.

Oración

Padre, tú me has hecho un solucionador de problemas. Mi producto está diseñado para resolver los problemas de las otras personas. Tú me has creado para incrementar y ayudar a otros a evitar la disminución, para ayudar al incremento también. Gracias por esta habilidad. En el nombre de Jesús, amén.

Preguntas

Además de un sueldo, ¿cómo recompensa a los que le ayudan a tener éxito?

Tenga presente en su mente que "el aspecto habla y los beneficios venden", y mencione tres beneficios de su producto o de trabajar con usted.

Jesús venció la afrenta de un trasfondo cuestionable

"HERMANOS, YO MISMO NO PRETENDO HABERLO YA ALCANZADO; PERO UNA COSA HAGO: OLVIDANDO CIERTAMENTE LO QUE QUEDA ATRÁS, Y EXTENDIÉNDOME A LO QUE ESTÁ DELANTE, PROSIGO A LA META, AL PREMIO DEL SUPREMO LLAMAMIENTO DE DIOS EN CRISTO JESÚS."

Filipenses 3:13-14

Su pasado terminó.

¿Tiene dudas hoy sobre sí mismo? Es común. Algunas de las razones por la que usted duda pueden ser una educación limitada, por haber perdido un ser querido cuando era chico, por tener un pariente alcohólico, o tiene culpa por un serio error que cometió cuando era adolescente.

Pero cualquiera fuere la razón, es muy importante que recuerde que su pasado terminó.

Nunca edifique su futuro alrededor de su pasado.

Jesús nació con una terrible afrenta. Su madre, María, estaba embarazada de Él antes de casarse con José, su prometido.

La Biblia dice que ellos no habían tenido relación sexual, pero "lo que en ella es engendrado, del Espíritu Santo es" (Mateo 1:20).

Solo dos personas en el mundo realmente sabían que ella era virgen: Dios y María.

Sin duda, cientos de personas se burlaban y se reían de José por casarse con María. Jesús creció con esto. Salió de la basura del desprecio humano. Pudo escapar de tantos cuestionamientos. Ignoró las acotaciones difamadoras. Conocía la verdad. Sabía quién era y para qué estaba. No le importaba que los demás no creyeran. *Eligió trazar su propio curso*. Las opiniones de los demás no importaban.

Jesús nunca miró atrás. Nunca discutió la situación con otra persona. No hay ni una sola escritura en toda la Biblia donde alguna vez haya traído a colación su trasfondo o sus limitaciones.

LLAVE DE SABIDURÍA

"Dios nunca consulta su pasado para determinar su futuro."

Usted también puede moverse más allá de las cicatrices del pasado. Pare de hablar sobre su educación limitada. Deje de quejarse de que todos en su familia son pobres. Deténgase de repetir historias de los que le fallaron. Pare de señalar con su dedo a la economía.

Pare de promocionar su dolor. Acabe de meditar en sus errores.

72

Todos tenemos limitaciones. Cada uno de nosotros está inválido de alguna manera: física, emocional, mental o espiritualmente.

Concéntrese en su *futuro*.

Jesús lo hizo.

LLAVE DE SABIDURÍA

"Deténgase de mirar de dónde viene y comience a mirar a dónde va."

Oración

Gracias, Padre, por tu Hijo que murió en la cruz y quitó mi pasado. Tú no miras mi pasado para determinar mi futuro. Sé que si confío en ti y me concentro en mi futuro, mi éxito está resuelto. En el nombre de Jesús, amén.

Preguntas

¿Qué tres cualidades específicas admira en alguien que ha vencido la afrenta de un trasfondo cuestionable?

¿Cómo ha aplicado estas cualidades en su propia vida?

¿Cómo vence a la propia duda?

Jesús nunca desperdició tiempo para responder a los críticos

"VETE DE DELANTE DEL HOMBRE NECIO, PORQUE EN ÉL NO HALLARÁS LABIOS DE CIENCIA."

Proverbios 14:7

Los críticos son espectadores, no jugadores.

La gente crítica son generalmente personas desanimadas que han fallado en alcanzar una meta deseada. Alguien ha dicho: "La crítica es la gárgara mortal de una persona fracasada".

Nunca se erigió un monumento a un crítico.

La gente crítica son personas *decepcionadas*. Personas *desilusionadas*. Gente *desenfocada*. Están heridos por dentro. Edifican su vida con el intento de destruir a otros.

Aléjese de esas personas.

No mal entienda, el debate es un asunto maravilloso. El conflicto suelta mi energía.

Pero hay un lugar para presentar los hechos. Hay un tiempo para el intercambio de información. Las sugerencias constructivas son siempre perseguidas por los campeones.

Hay también un tiempo *para el silencio.*

Cuando Jesús era ridiculizado en preparación para su crucifixión, estaba en silencio. "Mas Jesús callaba" (Mateo 26:63). Jesús no se sentía obligado a responder a las críticas. Nunca desperdició tiempo en la gente que, obviamente, trataba de atraparlo. Respondió al **hambre**. Respondió a la *sed.* Respondió a los que lo **buscaban.**

Usted no le debe nada a un crítico. "No hables a oídos del necio, porque menospreciará la prudencia de tus razones" (Proverbios 23:9).

La crítica es mortal. La corrección es vida.

La crítica es señalar los errores. La corrección es señalar su potencial.

Hace muchos años, me senté a la mesa de mi cocina para responder una carta llena de críticas que una dama me había enviado. Trabajé arduamente con mi respuesta. Borré las palabras y escribí nuevas oraciones. Me llevó alrededor de una hora de trabajo exhaustivo lograr con cuidado una respuesta decente a su carta. Pero todavía no estaba satisfecho con mi respuesta. De repente, un pensamiento atravesó mi mente y comencé a reírme. Nunca había pasado una hora entera para escribir una carta a mi

LLAVE DE SABIDURÍA

"Nunca pase más tiempo con un crítico, que el que le brinda a un amigo."

propia madre, la persona más querida en el mundo para mí. Nunca pasé una hora para escribir a la mujer que me había llevado dentro de su vientre durante nueve meses, que me dio confort y alimento durante toda mi vida, que me motivó a acercarme a Dios y a aprender a tocar el piano. No invertí todo ese tiempo en la persona más importante de mi vida. Fui un tonto en pasar todo ese tiempo por una crítica.

Oración

Señor, sé que el tiempo que utilizo para responder críticas es tiempo perdido. Te pido que me des fuerzas para elevarme más allá de las críticas, e invertir tiempo en quienes amo y quiero. En el nombre de Jesús, amén.

Preguntas

¿Cómo diferencia entre las sugerencias constructivas (corrección) y la crítica improductiva?

¿Qué puede hacer para no reaccionar a la crítica?

Jesús sabía que había un tiempo correcto y uno incorrecto para acercarse a la gente

---

"MIRAD, PUES, CON DILIGENCIA CÓMO ANDÉIS, NO COMO NECIOS SINO COMO SABIOS, APROVECHANDO BIEN EL TIEMPO, PORQUE LOS DÍAS SON MALOS. POR TANTO, NO SEÁIS INSENSATOS, SINO ENTENDIDOS DE CUÁL SEA LA VOLUNTAD DEL SEÑOR."

Efesios 5:15-17

Hay un tiempo para todo.

Hay un tiempo correcto para acercarse a la gente.

Supóngase que quiere un aumento de sueldo. Además, desea que su jefe sepa que usted puede aportar conocimientos y soluciones que producirán mucha ganancia a la empresa. Sin embargo, si recién ha cometido un error terrible que a la compañía le costó $ 15.000, debo decirle, ¡no es el tiempo correcto para acercarse y pedir un aumento! Si la compañía ha experimentado recientemente increíbles beneficios por una idea que usted compartió con su jefe, ¡ese podría ser el clima y la atmósfera adecuada!

Jesús entendió el tiempo. Pasó treinta años preparándose para su ministerio antes de emprender su primer milagro. Cuando su madre le dijo que no había vino en la boda, Jesús le respondió: "Aún no ha venido mi hora" (Juan 2:4). Pero como su ministerio público lo calificaba para una presentación correcta, Jesús honró la fe de su madre y convirtió el agua en vino.

Hay un tiempo para pedir perdón. Hay tiempo para estar en silencio. Hay un tiempo para presentar ciertas cosas a la gente. Hay un tiempo para esperar.

La gente está en diferentes etapas en sus vidas. Los humores cambian. Las circunstancias afectan sus decisiones. ***Sea sensible a esto.***

Es un esposo excepcional el que puede anticipar los humores y necesidades de su esposa y responder apropiadamente. Es un adolescente brillante el que sabe y entiende el tiempo correcto en discutir problemas con en sus padres.

LLAVE DE SABIDURÍA

"Según la forma en que entra puede decidir cómo sale."

Jesús entendía el tiempo. Cuando encontraron a la mujer en el acto de adulterio, su reacción fue única. "Entonces Jesús le dijo: Ni yo te condeno; vete, y no peques más" (Juan 8:11).

Jesús no ignoró su pecado. No ignoró el tono acusador de los hombres que querían atraparla. Simplemente sabía que había un tiempo correcto para hacer las cosas. No analizó minuciosamente los pecados de la mujer. Tampoco pidió detalles del acto de adulterio. Nunca apuntó al pasado, sino que señaló al futuro. Había un tiempo para esto.

"Todo tiene su tiempo, y todo lo que se quiere debajo del cielo tiene su hora (...) Todo lo hizo hermoso en su tiempo" (Eclesiastés 3:1,11).

Su éxito depende del *tiempo*. ¡No lo olvide! Sea que esté ocupado en la venta a un cliente, o que esté sentado para tratar un tema con su jefe, permanezca sensible. Observe. Mire. Analice. Escuche el fluir de la información y lo que sucede.

Jesús lo hizo.

Oración

Padre, tu Palabra dice que cada cosa tiene su tiempo. Oro para que me des la sabiduría para reconocer el tiempo correcto para todo lo que hago. Por favor, bendíceme con el entendimiento de que la manera en que entro a una situación puede determinar cómo la dejo. En el nombre de Jesús, amén.

Preguntas

¿Con qué frecuencia ora por la guía del Señor sobre el tiempo *antes* de presentar nuevas ideas o sugerir un cambio en un enfoque o procedimiento?

¿Qué factores clave considera para determinar el tiempo correcto para presentar una propuesta de negocio?

Jesús educó a los que hizo discípulos

"DA AL SABIO, Y SERÁ MÁS SABIO; ENSEÑA AL JUSTO,
Y AUMENTARÁ SU SABER."

Proverbios 9:9

Usted siempre recordará lo que enseña.

Alguien ha dicho que usted no aprende nada cuando habla; solo aprende cuando escucha. Esto es incorrecto. Algunos de los más grandes pensamientos e ideas han surgido en mi mente mientras enseñaba a otros.

Es muy importante que usted sea mentor de alguien. Entrénelo. Enséñele lo que usted sabe, vierta sus conocimientos especialmente sobre aquellos que tiene bajo autoridad, los que con eficacia y dedicación llevan a cabo sus instrucciónes, llámese un empleado, un hijo, etc.

Los negocios exitosos tienen empleados que están informados, bien entrenados y seguros de llevar a cabo las instrucciones. Esto lleva tiempo. Hace falta energía. Se necesita gran paciencia.

Toda canción necesita un cantante. Toda persona de éxito necesita motivación. Cada estudiante necesita un profesor.

Jesús fue el gran maestro. Enseñaba a miles de una vez. Algunas veces se sentaba con sus doce discípulos y les daba información. Los mantenía motivados, influenciados e inspirados.

Les enseñaba sobre la oración (Mateo 26:36-46). Les instruía sobre el cielo (Juan 14:2-4). Les enseñaba sobre el infierno (Lucas 16:20-31). Educó a sus *empleados* en muchos temas, que incluían su propósito, el dar y las relaciones.

Jesús enseñaba en las sinagogas (Lucas 13:13). También lo hacía en las aldeas (Marcos 6:6).

Acá está el punto. Ninguno de nosotros nació con gran conocimiento. Usted se convirtió en lo que ahora es. *Descubrió* lo que sabe. Le costó tiempo, energía y aprendizaje.

Sus empleados no sabrán todo. Ellos pueden no ver lo que usted ve. Pueden no sentir lo que usted siente. Quizás no han descubierto lo que usted conoce.

LLAVE DE SABIDURÍA

"Siempre recordará lo que enseña."

Debe invertir tiempo para nutrir la visión en ellos, el conocimiento de su producto y las recompensas que quiere que ellos persigan.

Necesita buena gente a su alrededor. Necesita gente *inspirada*. Necesita gente *informada*. Usted puede ser la *única* fuente de información y motivación de esa gente.

Jesús educó a su *staff*. Constantemente motivó a la gente que guiaba, les mostraba el futuro de su compromiso presente.

Tómese el tiempo para entrenar a otros.

Jesús lo hizo.

Oración

Padre, así como Jesús educó a sus discípulos, elijo educar a mis empleados. Gracias por revelarme los medios más efectivos para enseñar y entrenar a los que están a mi alrededor. Sé que sin un sucesor, no hay éxito. En el nombre de Jesús, amén.

Preguntas

¿Qué logros significativos propios le atribuye a alguien que ha tomado tiempo para enseñarle y alentarlo?

¿A quién actualmente alienta y enseña para ser todo lo que puede ser?

¿Qué hace para preparar a alguien para ser su sucesor?

Jesús rechazó desalentarse cuando otros juzgaron mal sus motivos

"LAS PALABRAS DE LOS IMPÍOS SON ASECHANZAS PARA DERRAMAR SANGRE; MAS LA BOCA DE LOS RECTOS LOS LIBRARÁ."

Proverbios 12:6

Todos hemos sido juzgados mal.

Cuando un pastor habla del dar, arriesga de ser acusado de avaricia. Cuando ora por los enfermos, arriesga de ser llamado engañador y fraudulento.

Su propia familia puede juzgar mal sus motivos. Cualquier persona que lleva a cabo instrucciones suyas, puede juzgar mal sus acciones.

Su jefe podría interpretarlo mal. Los clientes pueden dudar de su sinceridad.

No se desaliente por esto. Tómese tiempo para considerar su posición con los que parecen ser genuinamente sinceros.

No desperdicie su tiempo y energía en los que simplemente quieren causar conflicto.

Jesús era constantemente juzgado mal por otros. Los fariseos lo acusaron de estar poseído por espíritus malignos. "Mas los fariseos, al oírlo, decían: Este no echa fuera los demonios sino por Beelzebú, príncipe de los demonios" (Mateo 12:24).

Déjeme hacer algunas sugerencias. Cuando le habla a otros, sea conciso. Sea audaz pero muy preciso en lo que diga. No dé lugar para malos entendidos.

Siempre esté donde realmente está. Cuando está en una conversación con alguien, enfóquese totalmente en lo que se está diciendo. Ciérrese a todo lo demás. Cuando se enfoca totalmente en lo que dice y oye, no tendrá que lamentarse más tarde por esa conversación. Esto puede evitar malos entendidos.

Toda persona extraordinaria y exitosa ha sido mal juzgada. La gente se rió del pensamiento de que podría haber un carruaje sin caballo. Otros se burlaron cuando se inventó el teléfono.

Su éxito es la otra cara del desprecio y las falsas acusaciones.

Jesús lo sabía.

LLAVE DE SABIDURÍA

"La falsa acusación es la última etapa antes de la promoción sobrenatural."

Oración

Padre, gracias por redimir las situaciones en las que otros me critican o acusan falsamente. Descanso en saber que al ignorar a mis acusadores al seguir a Jesús como mi modelo, alcanzaré el otro lado de la adversidad: el éxito. En el nombre de Jesús, amén.

Preguntas

¿Qué Escrituras específicas son un aliento para usted cuando enfrenta adversidad?

¿Las ha memorizado?

¿Cómo responde cuando alguien entiende mal sus motivos?

¿Con qué frecuencia se reúne con su *staff* y se asocia para mantenerlos informados de los proyectos, operaciones y cambios anticipados?

Jesús rechazó llenarse de amargura cuando otros fueron desleales o lo traicionaron

"FINALMENTE, SED TODOS DE UN MISMO SENTIR, COMPASIVOS, AMÁNDOOS FRATERNALMENTE, MISERICORDIOSOS, AMIGABLES; NO DEVOLVIENDO MAL POR MAL, NI MALDICIÓN POR MALDICIÓN, SINO POR EL CONTRARIO, BENDICIENDO, SABIENDO QUE FUISTEIS LLAMADOS PARA QUE HEREDASEIS BENDICIÓN."

1 Pedro 3:8-9

La amargura es más devastadora que la traición.

La traición es externa. La amargura es interna. La traición es algo que **otros le hacen**. La amargura es algo que usted se hace a sí mismo.

Miles sobreviven a la traición fácilmente. Muy pocos sobreviven de las corrientes de la amargura. "Mirad bien, no sea que alguno deje de alcanzar la gracia de Dios, que brotando alguna raíz de amargura, os estorbe, y por ella muchos sean contaminados" (Hebreos 12:15).

La deslealtad es producto de un corazón desagradecido. La traición es generalmente hija de los celos.

Todos han experimentado estas trágicas situaciones en su vida. Un compañero desleal. Un empleado que lo difama por atrás. Un jefe que lo echa sin explicación. Estas cosas duelen. Profundamente.

Jesús estaba cenando con sus discípulos. "De cierto os digo que uno de vosotros, que come conmigo, me va a entregar" (Marcos 14:18). Cuando Jesús vio que Judas era el que lo traicionaría, también vio algo *más importante* que las heridas de la traición: ¡la redención de la humanidad!

Lea Marcos 14:43-50 y verá una de las experiencias más desmoralizadoras que cualquier ser humano pueda experimentar. Judas traicionó a Jesús con un beso.

Aún así, Jesús rechazó llenarse de amargura.

Tampoco castigó a Judas. Judas se destruyó a sí mismo.

LLAVE DE SABIDURÍA

"La injusticia es poderosa mientras la recuerdes."

Jesús no se separó de Pedro, que lo negó. Pedro clamó por misericordia y perdón, fue restaurado, y se convirtió en el gran predicador del día de Pentecostés.

"Quítense de vosotros toda amargura, enojo, ira, gritería y maledicencia, y toda malicia. Antes sed benignos unos con otros, misericordiosos, perdonándoos unos a otros, como Dios también os perdonó a vosotros en Cristo" (Efesios 4:31-32).

Elimine cualquier palabra de amargura en todas las conversaciones. No les recuerde a las personas sus malas experiencias, a menos que sea para enseñarles y alentarlos a levantarse por encima de sus propias heridas.

Jesús vio el resultado final más allá de la traición.

Jesús rechazó llenarse de amargura.

Oración

Gracias, Señor, por sacar cualquier amargura de mi corazón. Estaré en guardia en contra de la amargura en el futuro. Recordaré que cuando soy traicionado o juzgado injustamente, puedo pasar por alto la herida y ver que la amargura es solo un impedimento para el éxito. En el nombre de Jesús, amén.

Preguntas

¿Con qué frecuencia vuelve a preocuparse por el dolor de una herida pasada?

¿Qué ha hecho para estar seguro de que no queda amargura en su corazón por esa herida?

¿Cómo se cuidará de la amargura en el futuro?

Jesús se relacionó con personas de todos los trasfondos sociales

"EL CORAZÓN DEL ENTENDIDO ADQUIERE SABIDURÍA; Y EL OÍDO DE LOS SABIOS BUSCA LA CIENCIA."

Proverbios 18:15

La grandeza está por todas partes.

La gente hace diferentes contribuciones. Creo que usted necesita diferentes clases de aportes en su vida. Alguien necesita lo que usted posee. Seguro que necesita algo de lo que otros tienen para aportar que lo beneficiarán. Usted es la suma total de su experiencia.

Las personalidades difieren. Cada persona tiene a su alrededor un trasfondo diferente de conocimiento. Queda en usted que "tire su balde en el pozo", y lo saque. "Donde no hay dirección sabia, caerá el pueblo; mas en la multitud de consejeros hay seguridad" (Proverbios 11:14).

Mire a los que están alrededor de Jesús. Un recolector de

impuesto. Un médico. Pescadores. Una mujer que había estado poseída con siete demonios...

Algunos eran pobres. Otros ricos. Unos eran muy enérgicos, mientras otros eran pasivos. Algunos eran explosivos como Pedro. Otros, como Santiago, eran lógicos.

LLAVE DE SABIDURÍA

"Pague lo que sea con tal de estar en presencia de gente extraordinaria."

Esté dispuesto a escuchar a otros. Todos ven las cosas con ojos diferentes. Sienten con corazones diferentes. Oyen con oídos diferentes. *Alguien conoce algo que usted debería saber.* No lo descubrirá hasta que se tome el tiempo para dejar lo que hace y oír todo lo que tienen para decirles. *Un poco de información puede tornar el fracaso en un éxito.* Las grandes decisiones son producto de grandes pensamientos.

Jesús se relacionó bien.

Oración

Me doy cuenta, Señor, que tu creación está llena de muchas personas extraordinarias y diferentes. Dame la sabiduría y la habilidad para reconocer que con quién paso mi tiempo es tiempo invertido en mi éxito y en el de ellos. En el nombre de Jesús, confío en ti como mi fuente. Amén.

Preguntas

¿Cómo planea específicamente maneras de pasar tiempo de calidad con una variedad de personas extraordinarias?

¿Cómo registra y guarda el conocimiento y las experiencias importantes que recoge de modo que pueda recurrir a ellas después?

Jesús resistió la tentación

"SABE EL SEÑOR LIBRAR DE TENTACIÓN A LOS PIADOSOS."

2 Pedro 2:9

Todos somos tentados.

La tentación es la presentación del mal. Es una oportunidad para elegir el placer temporal en vez de la ganancia permanente.

Usted experimentará muchas estaciones en el trascurso de su vida. Durante sus años de adolescente, puede sentirse sobrecolmado por corrientes de lujuria hacia la inmoralidad. En el mundo de los negocios, será tentado a distorsionar la verdad, a engañar en sus impuestos, o aun "sacar dinero extra para usted mismo". Los compañeros infieles son epidemia. La propaganda audazmente declara la invitación al alcohol. Las drogas están en cada esquina. La cocaína ofrece ser un escape de las complejidades de la vida.

Satanás es un maestro artista.

Jesús experimentó contacto con un adversario persistente e inexorable: el diablo. Sucedió después que había ayunado cuarenta días y cuarenta noches. Su defensa era bastante

LLAVE DE SABIDURÍA

"Por una noche de placer no vale la pena una vida de ceguera."

simple: La Palabra ESCRITA DE DIOS. Lo aliento a leer todo el relato en Mateo 4:1-11.

Los cementerios están llenos de personas que fallaron en resistir a Satanás. Las prisiones están colmadas de personas demasiado débiles para pararse en su contra. Los sueños estallan en las rocas de tentación.

Saque el barco de su vida de esas rocas. Pregúntele a Sansón y le dirá: "Por una noche de placer no vale la pena una vida de ceguera".

Vuélvase atrás.

Jesús lo hizo.

Oración

Padre, sé que cuando soy tentado, debo audazmente pararme en la Palabra de Dios. Con la fuerza que me da, puedo resistir la maldad y no sacrificar mi futuro por el presente. En el nombre de Jesús, tengo la convicción de hacer lo que es correcto. Amén.

Preguntas

¿En qué áreas específicas de su vida lucha con la tentación?

¿Cómo vence estas tentaciones, y qué porcentaje de tiempo es exitoso?

¿Ha identificado y memorizado algunas Escrituras para que lo ayuden a vencer estas áreas específicas de tentación en su vida?

Jesús tomó decisiones que crearon un futuro deseable en vez de un deseo presente

"A FIN DE QUE NO OS HAGÁIS PEREZOSOS, SINO IMITADORES DE AQUELLOS QUE POR LA FE Y LA PACIENCIA HEREDAN LAS PROMESAS."

Hebreos 6:12

Las decisiones crean eventos.

Si usted come dos pedazos de torta en una noche, ¿cuál será el resultado inevitable? Si fuma dos paquetes de cigarrillos diarios, ¿qué puede esperar que suceda? Todo lo que usted hace en el presente tendrá repercusiones en su *futuro*. La elección es suya.

Hoy, usted tomará un montón de decisiones. Algunas le darán placer inmediato, pero el resultado mañana lo pondrá triste. Algunas de esas decisiones pueden molestarlo un poco hoy, pero mañana usted se emocionará.

Esta noche se sentará a cenar. Se le hará agua la boca al ver la hermosa torta de chocolate que alguien ha preparado.

Usted tomará una decisión sobre esa torta. Si la come, le parecerá bueno... por ahora. Mañana a la mañana estará enojado con usted mismo por no haberla rechazado. Mire ese pedazo de torta y diga: "Voy a tomar una decisión que **beneficie mi futuro**. La rechazo". ¡Esa es la decisión de un campeón!

Jesús pudo haber llamado a diez mil ángeles para liberarlo de la crucifixión. Pudo haber descendido de la cruz. Pero tomó la decisión en el jardín de Getsemaní que creó un futuro increíble. **Estaba dispuesto a atravesar una estación de dolor para crear una eternidad de ganancia.**

"Porque esta leve tribulación momentánea produce en nosotros un cada vez más excelente y eterno peso de gloria" (2 Corintios 4:17).

Los que esperan generalmente ganan. Los que rechazan esperar generalmente pierden. La paciencia es poderosa. Es productiva.

Reprograme su pensamiento a largo plazo. Reprograme su vida para la paciencia. Comience a pensar "a largo plazo" sobre sus hábitos de comida, su vida de oración y sus amistades.

LLAVE DE SABIDURÍA

"Tome decisiones que produzcan el futuro que desea."

Jesús era una persona que pensaba a largo plazo.

97

Oración

En el nombre de Jesús, me comprometo a pensar a largo y no a corto plazo. Sé que cada una de las decisiones que tomo tienen un impacto sobre mi futuro. Gracias, Padre, por darme la sabiduría para tomar decisiones que crean mi futuro deseado. Amén.

Preguntas

¿Cómo necesita mejorar la efectividad de su proceso de tomar decisiones para crear el futuro que desea?

¿Con qué frecuencia ora *antes* de tomar decisiones? ¿Ora el tiempo correcto, o lo hace "a las disparadas"?

¿Qué porcentaje de sus decisiones están basadas en resultados a largo plazo *versus* los resultados a corto plazo?

Jesús nunca juzgó a la gente por su apariencia externa

"HERMANOS MÍOS, QUE VUESTRA FE EN NUESTRO GLORIOSO SEÑOR JESUCRISTO SEA SIN ACEPCIÓN DE PERSONAS"
(EN LA NVI: "QUE SEA SIN FAVORITISMO".)

Santiago 2:1

Nadie es como parece la primera vez que lo vemos.

El envoltorio es engañoso. Las cajas de cereales parecen la comida más emocionante del mundo. Se gastan miles de millones de dólares en envoltorios.

No me mal interprete. La ropa es muy importante. La apariencia vende o desalienta. Proverbios 7 habla de la ropa de una prostituta. Proverbios 31 describe la ropa de una mujer virtuosa. Decididamente, *es sabio crear un clima de aceptación*. Noemí, la mentora de Rut, la instruyó a ponerse perfume y cambiar sus ropas antes de que fuera a encontrarse con Booz, su futuro esposo.

Pero algo es más importante que el envoltorio: *la persona*.

Jesús vio a una mujer herida y cansada que había estado

99

casada cinco veces. Vio más allá de sus fracasos y reputación. Vio su *corazón*. Vio en ella *el deseo de ser cambiada*. Era el puente de oro para que Jesús caminara en los corazones de muchas de las personas en aquella ciudad. "Y muchos de los samaritanos de aquella ciudad creyeron en él por la palabra de la mujer, que daba testimonio diciendo: Me dijo todo lo que he hecho" (Juan 4:39).

La gente vio a Zaqueo como un engañoso recolector de impuestos. Jesús lo vio como a un hombre confundido que anhelaba un cambio de corazón. El pueblo de Israel vio en Absalón a un líder elegante y buen orador. Pero era un traidor y mentiroso. Sansón pensó que Dalila era la mujer más bella que había conocido. Ella fue la trampa que destruyó su estatus de campeón.

Una historia interesante fue compartida recientemente por una amiga mía en Florida. Ella tiene una tienda de ropa. Me dijo: "He visto mujeres acercarse a mi tienda que parecían no tener ni un centavo, sin embargo, gastaban miles de dólares en ropa, se metían en sus limusinas, y se iban. No se podía calcular de lo que ellas poseían por la ropa que usaban".

LLAVE DE SABIDURÍA

"La primera impresión a veces engaña."

Nada es igual como aparenta la primera vez.

Comience a estar atento a las

actitudes de la gente. Comience a estar atento a las heridas. No los juzgue mal.

Jesús lo sabía.

Oración

Padre, te pido madurez para no juzgar a otros por su apariencia, sino enfocarme en su corazón y ver de qué manera puedo afectarlos. Señor, tú me has dado la compasión para alcanzar a otros. Ayúdame a ayudarlos. En el nombre de Jesús, amén.

Preguntas

¿De qué manera extrae las cualidades escondidas en la gente a su alrededor?

¿Cómo celebra la originalidad de ellos?

Jesús reconoció la ley de la repetición

"... ENTONCES VOLVIENDO A TOMAR A LOS DOCE APARTE, LES COMENZÓ A DECIR LAS COSAS QUE LE HABÍAN DE ACONTECER."

Marcos 10:32

Lo que usted oye repetidamente, finalmente lo creerá.

Los maestros saben que la ley básica de aprender es la *repetición*. Alguien ha dicho que usted debe oír algo dieciséis veces antes de creerlo realmente.

Mire los comerciales de televisión. Usted ha visto los mismos repetidamente. Las carteleras publican gaseosas populares una y otra vez. ¿Por qué? Usted debe *oír* y *ver* algo muchas veces antes de poder darle una respuesta.

Simplemente lleva *tiempo* absorber un mensaje.

Jesús enseñó a la gente las mismas verdades una y **OTRA VEZ**. "Otra vez Jesús les habló ..." (Juan 8:12).

Alguien le enseñó todo lo que sabe hoy. Usted es el resultado de un *proceso*. Hubo un tiempo en su vida cuando no podía deletrear la palabra "gato" o recitar números, pero alguien fue paciente y le enseñó.

Los exitosos entienden la necesidad de enseñar a aquellos que están alrededor, *una y otra vez*.

LLAVE DE SABIDURÍA

"Lo que usted oye repetidamente, al final lo creerá."

No espere que los que están a su lado entiendan todo instantáneamente. Usted no lo entendió. Ellos tampoco. Lleva tiempo crecer en grandeza.

Jesús lo sabía.

Oración

Señor, sé que lo que continuamente oigo es lo que finalmente creeré. Por favor, enséñame a poner este principio en operación para tu gloria y mi éxito, al enseñar a otros el conocimiento que me has dado. Dame la gracia para ser paciente mientras ellos aprenden. En el nombre de Jesús, amén.

Preguntas

¿Qué técnicas usa para reforzar lo que usted enseña, para que otros puedan aprenderlo y aplicarlo efectivamente?

¿Cómo repite los puntos clave en conversaciones informales para ayudar a otros a asimilar por dentro lo que ellos necesitan saber?

Jesús era un pensador del mañana

"NO OS ACORDÉIS DE LAS COSAS PASADAS, NI TRAIGAS A MEMORIA LAS COSAS ANTIGUAS."

Isaías 43:18

Conviértase en un "pensador del mañana".

Una de las grandes compañías en Japón tiene un plan detallado para los próximos cien años. Son *"pensadores del mañana"*.

Jesús fue un "pensador del mañana". Cuando se encontró con la mujer samaritana en el pozo, mencionó ligeramente que ella había estado casada cinco veces. *Le señaló su futuro*. Dijo que le daría agua, y que nunca más tendría sed.

Otra ilustración de "pensamiento del mañana" está relacionado con la mujer que fue hallada en el acto de adulterio, Jesús nunca habló de su pecado. Simplemente le dijo: "Ni yo te condeno; vete, y no peques más" (Juan 8:11).

"No os acordéis de las cosas pasadas, ni traigáis a memoria las cosas antiguas. He aquí que yo hago cosa nueva;

LLAVE DE SABIDURÍA

"Los que crearon el dolor de ayer no controlan el potencial del mañana."

pronto saldrá a luz; ¿no la conoceréis? Otra vez abriré camino en el desierto, y ríos en la soledad" (Isaías 43:18-19).

Satanás considera su pasado. Esta parece ser la única información que tiene. Jesús se enfoca en el *futuro*. Él entra a su vida para terminar con su pasado y dar a luz su mañana.

Pare de hacer viajes al ayer.

Jesús se concentró en el futuro.

Oración

Padre, te agradezco de que me hayas dado un nuevo comienzo. Gracias por señalar mi éxito futuro. Tú has limpiado mi corazón. Ahora avanzaré y no me quedaré en lo que pasó, sino en lo que viene. En el nombre de Jesús, amén.

Preguntas

¿En qué etapa de su carrera quiere estar de aquí a un año?

¿Cuáles son los tres pasos específicos que usted necesita tomar para llegar allí?

¿Qué obstáculos ve por anticipado? ¿Cómo los vencerá?

Jesús sabía que el dinero solo no podía traer contentamiento

"A LOS RICOS DE ESTE SIGLO MANDA QUE NO SEAN ALTIVOS, NI PONGAN LA ESPERANZA EN LAS RIQUEZAS, LAS CUALES SON INCIERTAS, SINO EN EL DIOS VIVO, QUE NOS DA TODAS LAS COSAS EN ABUNDANCIA PARA QUE LAS DISFRUTEMOS."

1 Timoteo 6:17

La gente rica no siempre es feliz.

Sus manos pueden estar llenas de dinero. Su cabeza puede estar llena de información, pero si su corazón está vacío, su vida está vacía.

El dinero es para estar en movimiento, no para acumularlo. Esta es la razón por la que la Biblia habla sobre "el engaño de las riquezas".

Jesús vio esto. Le habló a los ricos. Miró dentro de sus ojos y vio un anhelo por ***algo que el dinero no podía comprar***. Los ricos vinieron a Él tarde por la noche, cuando las multitudes se habían ido.

Estaban solos. "...porque la vida del hombre no consiste en la abundancia de los bienes que posee" (Lucas 12:15).

Salomón fue un rey rico. Y confesó: "Aborrecí, por tanto, la vida ..." (Eclesiastés 2:17).

Piense por un momento. Probablemente hoy posea más que en cualquier otro tiempo de su vida. ¿Siente más gozo que en cualquier otro momento de su existencia? ¿Se ríe más ahora que nunca? ¿Disfruta de sus amistades más que nunca? Sea honesto con usted mismo.

Jesús sabía que "los ojos del hombre nunca están satisfechos" (Proverbios 27:20). *Algunas cosas importan más que el dinero.*

Jesús lo sabía.

LLAVE DE SABIDURÍA

"La prosperidad es tener suficiente de la provisión de Dios para completar su propósito para la vida."

Oración

Padre, al lograr el éxito, por favor recuérdame y dame la sabiduría para saber que el dinero no es el "fin", sino un "medio". El dinero en sí mismo no puede traerme felicidad pero darlo para ayudar a otros sí. Gracias porque muchas cosas importan más que el dinero. En el nombre de Jesús, amén.

Preguntas

Al crecer su ingreso, ¿cómo se protegerá para no enfocarse en el dinero y en las cosas que puede comprar, en vez de enfocarse en lo que Dios le permite hacer con ese dinero?

¿Qué clase de ejemplo establece para su familia y para otros a su alrededor en relación al diezmo y al dar para la obra del reino de Dios?

Jesús conocía el poder de las palabras y del silencio

"EL QUE AHORRA SUS PALABRAS TIENE SABIDURÍA; DE ESPÍRITU PRUDENTE ES EL HOMBRE ENTENDIDO. AUN EL NECIO, CUANDO CALLA, ES CONTADO POR SABIO; EL QUE CIERRA SUS LABIOS ES ENTENDIDO."

Proverbios 17:27-28

Las palabras no son baratas.

Las guerras comienzan por **palabras**. La paz viene cuando grandes hombres se reúnen, negocian y dialogan. *Las palabras unen a las personas*. Las palabras son el puente a su futuro.

Las palabras *crearon el mundo* (Génesis 1:3-31).

Las palabras *crean su mundo* (Proverbios 18:21).

Jesús dijo que sus palabras revelan la clase de corazón que usted posee. "... porque de la abundancia del corazón habla la boca" (Lucas 6:45).

Jesús dijo que las palabras pueden mover montañas (Marcos 11:23).

Hay un tiempo para *hablar*. Hay un tiempo para *escuchar*. Hay un tiempo para *moverse*. Hay un tiempo para *permanecer quietos*. Cuando la gente tenía hambre de conocimiento, Jesús hablaba y enseñaba durante horas, pero cuando llegó al pretorio, ante Poncio Pilato, donde la verdad era ignorada, se quedó en silencio.

LLAVE DE SABIDURÍA

"El silencio no puede ser mal interpretado."

Sus *palabras* importan. La conversación importa. "Mas yo os digo que de toda palabra ociosa que hablen los hombres, de ella darán cuenta en el día del juicio. Porque por tus palabras serás justificado, y por tus palabras serás condenado" (Mateo 12:36-37). Quédese en silencio al considerar las debilidades de otros. Manténgase en silencio en vez de publicar sus propios errores.

Jesús sabía cuándo debía hablar y cuándo escuchar.

Oración

Padre, dame el entendimiento de que mis palabras son como el dinero. Por cada una hay que dar cuenta y no deben gastarse sin sabiduría. Enséñame a vigilar mi lengua y a abrir mis oídos para escuchar. En el nombre de Jesús, te agradezco porque sabré cómo hablar y cómo escuchar. Amén.

Preguntas

¿De qué maneras usted necesita controlar su lengua y también ser un mejor oyente?

¿Qué acción tomará durante los próximos veintiún días para cambiar su manera de usar su lengua y de escuchar?

Jesús sabía que cuando usted quiere algo que nunca tuvo, tiene que hacer algo que nunca hizo

---

"PERO JEHOVÁ HABÍA DICHO A ABRAM: VETE DE TU TIERRA Y DE TU PARENTELA, Y DE LA CASA DE TU PADRE, A LA TIERRA QUE YO TE MOSTRARÉ. Y HARÉ DE TI UNA NACIÓN GRANDE, Y TE BENDECIRÉ, Y ENGRANDECERÉ TU NOMBRE, Y SERÁS BENDICIÓN."

Génesis 12:1-2

Todo es difícil al principio.

Cuando usted comienza a gatear, es muy difícil. Cuando dio su primer paso y se cayó, fue difícil.

Miles fracasan en la vida porque no están dispuestos a hacer cambios. Rechazan cambiar de trabajo, de ciudad o de amistades. Permanecen en las zonas de confort. Pero otros miles suben la escalera de la felicidad, porque están dispuestos a atravesar un poco de incomodidad para experimentar un nuevo nivel de vida.

Pedro quería caminar sobre las aguas. Jesús vio su emoción.

Entonces le dio una simple instrucción para que Pedro hiciera algo que nunca había hecho antes. "Y le dijo: Ven. Y descendiendo Pedro de la barca, andaba sobre las aguas para ir a Jesús" (Mateo 14:29).

Jesús vez tras vez le ordenaba a la gente que hiciera algo. Y siempre era algo que nunca habían hecho antes. Sabía que la obediencia era la única prueba de fe.

Escuche las instrucciones a los israelitas. "Marchad alrededor de Jericó seis días en ronda, y luego siete veces el día séptimo" (Josué 6).

Escuche las instrucciones del profeta al leproso: "Vé, sumérgete en el río Jordán siete veces. Serás sanado la séptima vez" (2 Reyes 5).

Rut dejó su país natal de Moab para estar con Noemí y conoció a Booz, que cambió su vida para siempre (Libro de Rut).

Elías extendió la fe de la viuda, que iba a comer su última cena. Dos tortas antes de morir... él la motivó para que hiciera algo que nunca había hecho: *dar* de lo poco que tenía a alguien que ni siquiera conocía y *creerle* a la palabra del profeta de Dios por su provisión futura en medio del hambre. Ella vio suceder el milagro (1 Reyes 17).

LLAVE DE SABIDURÍA

"Cuando quiere algo que nunca tuvo, tiene que hacer algo que nunca hizo."

114

Miles fracasarán en la vida porque no están dispuestos a hacer cambios.

Jesús sabía cómo extender la fe de la gente. Los motivaba. *Los ayudaba a hacer cosas que nunca habían hecho, para crear cosas que nunca habían tenido.*

Jesús hizo cosas nuevas.

Oración

Padre, ayúdame a salir de mi zona de comodidad y darme cuenta de que para lograr algo que nunca he tenido, debo hacer algo que nunca hice. En el nombre de Jesús, amén.

Preguntas

¿Cómo se siente cuando se le pide que haga algo que nunca ha hecho?

¿Qué recursos utiliza para ser exitoso cuando tiene que salir de su zona de comodidad?

¿Qué ayuda le provee a otros cuando les pide que hagan algo que nunca han hecho?

Jesús permitió que la gente corrija sus errores

"PERDONARÉ LA MALDAD DE ELLOS, Y NO ME ACORDARÉ MÁS DE SU PECADO."

Jeremías 31:34

Todos cometemos errores. Todos.

Examine las biografías de los multimillonarios. Muchos han experimentado bancarrotas varias veces. Simplemente descubrieron que el fracaso no es fatal. *El fracaso es simplemente una opinión.*

Jesús nunca se desconectó de los que cometieron errores con sus vidas.

Pedro fue uno de sus discípulos favoritos. Pedro negó a Jesús. Luego confesó su pecado, y Jesús lo perdonó. Y se convirtió en uno de los más grandes apóstoles en la historia de la iglesia.

David cometió adulterio con Betsabé. Dios lo perdonó. Mire a Sansón. Cayó en tentación sexual con Dalila, aun así es uno de los campeones de la fe mencionados en Hebreos 11:32.

Aprenda a perdonarse a *sí mismo*. Aprenda a perdonar a *otros*. Todos se lastiman en alguna parte. Sus errores permanecen en su mente. *Déle a esas personas otra oportunidad*.

Los errores son corregibles.

Jesús lo sabía.

Oración

Padre, así como tú me has perdonado, pon dentro de mí la responsabilidad para perdonarme y perdonar a otros. Tu sabes por adelantado mis errores. Enséñame a darle a la gente otra oportunidad. En el nombre de Jesús, amén.

Preguntas

¿Cuál es el fracaso que usted ha experimentado en su carrera?

¿Cómo ese fracaso lo benefició al final?

¿Cómo responde cuando alguien falla en algo importante para usted?

LLAVE DE SABIDURÍA

"Todos los hombres cometen errores, solo los grandes aprenden de ellos."

Jesús conocía su valor

"LA DÁDIVA (O DON) DEL HOMBRE LE ENSANCHA EL CAMINO Y LE LLEVA DELANTE DE LOS GRANDES."
Proverbios 18:16

Conozca su don.

Muchos a su alrededor quizás nunca lo descubran. En realidad no es importante que lo hagan. *Lo que es importante es que se descubra a sí mismo, a sus dones y a sus talentos.*

Popularidad es cuando *otras personas* gustan de usted. La felicidad es cuando *se gusta a sí mismo.*

Hay una escena interesante cuando Jesús visitó el hogar de Lázaro y sus dos hermanas, María y Marta. Marta, ocupada en sus tareas, estaba enojada con su hermana, quien simplemente estaba sentada a los pies del Maestro y escuchaba cada palabra que Él decía. Cuando Marta se quejó, Jesús respondió: "María ha elegido la mejor parte" (Lucas 10:42).

Jesús conocía su valor personal. Sabía que sus propias palabras eran vida. Estaba increíblemente seguro y *esperaba ser tratado bien.*

Jesús honró a los que discernían su valor.

118

Jesús también reaccionó favorablemente ante una mujer que le lavó sus pies. "¿Ves esta mujer? Entré en tu casa, y no me diste agua para mis pies; mas esta ha regado mis pies con lágrimas, y los ha enjugado con sus cabellos. No me diste beso; mas esta, desde que entré, no ha cesado de besar mis pies. No ungiste mi cabeza con aceite; mas ésta ha ungido con perfume mis pies" (Lucas 7:44-46).

Jesús conocía su valor.

Oración

Padre, tú me has creado. Tu Palabra proclama que tú nos ha creado para tu placer. Enséñame a aceptarme y gustarme.

La felicidad comienza con gustar quien yo soy. En el nombre de Jesús, amén.

Preguntas

¿Qué tres palabras positivas describen mejor quién es usted?

¿Qué es lo que hace muy bien que puede compartir con otros?

¿Cómo lo compartirá con alguien en los próximos diez días?

LLAVE DE SABIDURÍA

"La felicidad es cuando se gusta a sí mismo."

119

Jesús nunca trató de tener éxito aislado

"PORQUE CON INGENIO HARÁS LA GUERRA, Y EN LA MULTITUD DE CONSEJEROS ESTÁ LA VICTORIA."

Proverbios 24:6

Usted necesita a la gente.

Usted necesita a Dios.

Todo lo que tiene viene de Dios. El éxito es una colección de relaciones. Sin clientes, un abogado no tiene carrera. Sin pacientes, un médico no tiene a nadie para sanar. Sin un compositor, un cantante no tiene nada que cantar.

Su futuro está conectado con la gente; entonces desarrolle las habilidades de la gente.

Jesús constantemente hablaba a su Padre Celestial. Habló a sus discípulos. Les habló a todos. A los doce años, intercambiaba charlas con los escribas y los sacerdotes en el templo. Habló con los recolectores de impuestos, con los pescadores, con los doctores y los abogados. Dijo: "No puedo yo hacer nada por mí mismo" (Juan 5:30).

Usted necesita gente que resuelva problemas en su vida.

Necesita un buen abogado, un buen médico y un buen consejero financiero. Necesita a su familia. Necesita a su piadoso pastor. Necesita a la gente.

Escuche la voz interior del Espíritu Santo hoy. Obedezca cada instrucción.

Jesús lo hizo.

LLAVE DE SABIDURÍA

"Sus recompensas en la vida están determinadas por los problemas que le resuelve a otros."

Oración

Padre, ningún hombre puede triunfar sin otros. Por favor, dame la guía y la sabiduría para saber con quién puedo contar. Sé que mi vida depende de otras personas y cómo yo las ayudo. En el nombre de Jesús, amén.

Preguntas

¿Qué tres talentos a usted le faltan, que busca en otros en su equipo?

¿Qué hace para permitir a cada miembro del equipo que brille con su propia originalidad?

Jesús sabía que el dinero está en cualquier lugar donde quiera que realmente esté

"LOS PENSAMIENTOS DEL DILIGENTE CIERTAMENTE TIENDEN A LA ABUNDANCIA; MAS TODO EL QUE SE APRESURA ALOCADAMENTE, DE CIERTO VA A LA POBREZA."

Proverbios 21:5

El dinero está en todas partes.

El dinero es cualquier cosa de valor. Su tiempo es dinero. Su conocimiento es dinero. *Sus talentos, dones, habilidades, son dinero.*

Deje de ver el dinero solo como algo que lleva en su billetera. Mire el dinero como *cualquier cosa que usted posee que puede resolver el problema de alguien.*

El dinero está en todas partes. Jesús sabía que el dinero aun existe en los lugares más extraños. El dinero está *en cualquier lado* que usted quiera que esté.

El coronel Sanders quería que estuviera *en algo que él amaba*, en su original pollo frito, y fundó su cadena de restaurantes.

Mohammad Alí encontró su éxito financiero en el boxeo.

Pedro era un pescador. El dinero era necesario. Jesús le dijo dónde podía hallar el dinero. "Sin embargo, para no ofenderles, vé al mar, y echa el anzuelo, y el primer pez que saques, tómalo, y al abrirle la boca, hallarás un estatero; tómalo, y dáselo por mí y por ti" (Mateo 17:27).

LLAVE DE SABIDURÍA

"Jesús sabía que el dinero aún existe en los lugares más extraños."

¿Ama las flores y anhela ganarse la vida con una florería? Allí puede estar su dinero.

Jesús sabía que el dinero existía por *todas partes.*

Oración

Señor, sé que tú no estás limitado por las crisis económicas de este mundo. Por favor, enséñame a resolver los problemas para otros y crear un fluir de finanzas necesario para mi vida. En el nombre de Jesús, amén.

Preguntas

¿Hasta dónde usted es rico si considera el dinero como algo que posee para resolver un problema para alguien?

¿Cuáles son algunas formas en que ayudó a resolver un problema para alguien al usar esta nueva definición de dinero?

Jesús estableció metas específicas

"LA CIENCIA DEL PRUDENTE ESTÁ EN ENTENDER SU CAMINO."

Proverbios 14:8

Decida lo que realmente quiere.

En 1952, una universidad importante descubrió que solo tres de cien graduados habían escrito una clara lista de metas. Diez años más tarde, un estudio de seguimiento mostró que tres por ciento de la clase había logrado más financieramente que el restante noventa y siete por ciento.

Ese tres por ciento fueron los **mismos graduados** que habían **escrito sus metas.** "Y el Señor me respondió: Escribe la visión, y haz que resalte claramente en las tablillas, para que pueda leerse de corrido" (Habacuc 2:2 NVI).

Cuando usted decide exactamente **"qué quiere"**, el **"cómo hacerlo"** emergerá.

Jesús conoció su propósito y misión. "Porque el Hijo del Hombre vino a buscar y a salvar lo que se había perdido" (Lucas 19:10).

Jesús conocía el producto que tenía para ofrecer: "El ladrón no viene sino para hurtar y matar y destruir; yo he venido para que tengan vida, y para que la tengan en abundancia" (Juan 10:10).

Jesús tenía un sentido de destino. Sabía a dónde quería ir. Sabía dónde la gente lo necesitaba (Juan 4:3).

Jesús sabía que los exitosos estaban orientados al detalle. "Porque ¿quién de vosotros, queriendo edificar una torre, no se sienta primero y calcula los gastos, a ver si tiene lo que necesita para acabarla?" (Lucas 14:28).

Tome cuatro hojas de papel. En la parte superior de la hoja número uno, escriba: "Los sueños de toda la vida, y las metas".

Escriba en total todo lo que le gustaría llegar a ser, hacer o tener durante su vida.

Escriba sus sueños detalladamente en el papel.

Tome la hoja número dos y escriba: "Mis metas anuales".

Escriba todo lo que quiere dentro de los próximos doce meses.

Tome la hoja número tres y escriba: "Mis metas mensuales".

Enumere todo lo que quiere lograr dentro de los próximos treinta días.

Tome la cuarta hoja y escriba: "Mi rutina diaria ideal".

Escriba las seis cosas más importantes que hará en las próximas veinticuatro horas.

El secreto de su futuro está escondido en su rutina diaria. Establezca sus metas.

Jesús lo sabía.

Oración

Padre, tú has colocado dentro de mí la habilidad y el deseo para tener éxito. Planearé y escribiré mi plan para el éxito. Te pido el discernimiento de tu plan para mi vida. En el nombre de Jesús, amén.

Preguntas

Al seguir las instrucciones de arriba para crear su lista de sueños, ¿cómo se sintió al ver sus sueños escritos en el papel?

¿Qué necesitará para hacer que el establecimiento de metas se convierta en una rutina en su vida?

¿Qué hará en los próximos siete días para establecer esta rutina?

LLAVE DE SABIDURÍA

Cuando decida lo que quiere, el "cómo hacerlo" emergerá.

127

Jesús sabía que todo gran logro demandaba la disposición de empezar con pasos pequeños

---

"HE AQUÍ MI PACTO ES CONTIGO, Y SERÁS PADRE DE MUCHEDUMBRE DE GENTES. Y NO SE LLAMARÁ MÁS TU NOMBRE ABRAM, SINO QUE SERÁ TU NOMBRE ABRAHAM, PORQUE TE HE PUESTO POR PADRE DE MUCHEDUMBRE DE GENTES. Y TE MULTIPLICARÉ EN GRAN MANERA, Y HARÉ NACIONES DE TI, Y REYES SALDRÁN DE TI. Y ESTABLECERÉ MI PACTO ENTRE MÍ Y TI, Y TU DESCENDENCIA DESPUÉS DE TI EN SUS GENERACIONES, POR PACTO PERPETUO, PARA SER TU DIOS, Y EL DE TU DESCENDENCIA DESPUÉS DE TI."

Génesis 17:4-7

Todo lo grande comienza pequeño.

Piense solo por un momento. Un árbol de algarrobo comenzó como una bellota. Un hombre de dos metros de alto comenzó como un pequeño embrión en el útero de una madre.

Esté dispuesto a empezar pequeño. ***Comience con cualquier cosa que tenga.*** Todo lo que usted posee es un punto de partida. No sea como el hombre en la Biblia que tenía un talento y rechazó usarlo. *Use cualquier cosa que se le haya dado, y vendrá más a su vida.*

Jesús comenzó en un establo. Pero no se quedó allí. Anduvo treinta años sin hacer ni un solo milagro. Pero un día hizo el primero. El resto es historia.

David tenía una honda, pero se *convirtió* en un rey.

José fue vendido como esclavo, pero se *convirtió* en el Primer Ministro de Egipto.

La viuda de Sarepta tenía una pequeña torta, pero la sembró en el reino de Dios y creó una provisión continua durante el tiempo de hambre.

Cualquier cosa que se le haya dado, es suficiente para crear algo que se le haya prometido.

"Porque los que menospreciaron el día de las pequeñeces se alegrarán" (Zacarías 4:10a). "Porque mandamiento tras mandamiento, mandato sobre mandato, renglón tras renglón, línea sobre línea, un poquito allí, otro poquito allá" (Isaías 28:10).

Cualquier cosa que posea hoy es suficiente para crear cualquier cosa que quiera para su futuro.

Jesús existió antes de la fundación del mundo. Recordaba cuando la Tierra y la raza humana ni siquiera existían. Esta es la razón por la que no se preocupaba por su nacimiento en un establo.

Jesús sabía que las cosas grandes comienzan pequeñas.

Oración

Padre, gracias porque me has equipado ahora con lo que tengo para lograr el éxito. Sé que si estoy dispuesto a comenzar pequeño y servir a otros, tú me honrarás y me elevarás a una posición superior. En el nombre de Jesús, amén.

LLAVE DE SABIDURÍA

"Cualquier cosa que tiene en su mano puede crear cualquier cosa que quiere en su futuro."

Preguntas

¿Ha visto a Dios tomar un pequeño comienzo y tornarlo en un gran éxito en su carrera o en otra persona que usted conozca?

¿Cómo manejó el tiempo de espera cuando su carrera no progresaba tan rápidamente como quería?

Jesús se dolía cuando otros se dolían

"GOZAOS CON LOS QUE SE GOZAN; LLORAD CON LOS QUE LLORAN."

Romanos 12:15

Alguien cerca de usted está en problemas.

¿Realmente lo ha notado? ¿Le importa? Todos se hieren en algún momento. *Cuando otros se hieren, trate de sentirlo.*

Usted es una solución para alguien con un problema. Encuéntrelos. Esté atento al clamor de esas personas.

Usted es su "salvavidas". Tiene la llave para su cerradura. Siéntala.

Jesús lo hizo. No se escondió en el palacio. No era un recluso. Caminó por donde la gente caminaba. *Se dolía cuando la gente estaba dolida.*

"Y saliendo Jesús, vio una gran multitud, y tuvo compasión de ellos, y sanó a los que de ellos estaban enfermos" (Mateo 14:14).

Jesús siente lo que usted siente. "Porque no tenemos un

131

sumo sacerdote que no pueda compadecerse de nuestras debilidades, sino uno que fue tentado en todo según nuestra semejanza, pero sin pecado" (Hebreos 4:15).

Usted comenzará a tener éxito con su vida cuando la herida y los problemas de otros comiencen a importarle.

Hace varios años, se me invitó a asistir a una fiesta para una gran compañía de abogados en Dallas. Uno de los más jóvenes de ellos me contó una historia inolvidable esa noche. Él era el aprendiz de uno de los grandes doctores en leyes en el medio oeste. Este abogado renombrado ganaba prácticamente todos sus casos. En realidad, todos estos casos le produjeron millones de dólares. El abogado joven simplemente no podía entenderlo. Dijo: "La investigación era normal. El material de lectura parecía normal. La información que habíamos recolectado parecía corriente antes que se enfrentara al jurado".

LLAVE DE SABIDURÍA

"Los quebrantados se vuelven en maestros al vendar a otros."

Luego siguió expresando: "Pero tendría que ver la forma de caminar de un lado a otro delante del jurado. Cuando hablaba, se notaba cómo las caras de los miembros de la corte eran transformadas. Cuando deliberaban y daban su veredicto, siempre sus clientes se veían beneficiados por las sentencias."

Esa noche en la fiesta de Navidad, el abogado joven nos explicó cómo sondeó a su mentor. Le dijo: "Usted debe contarme su secreto. Lo observamos cuidadosamente. Hemos leído su material, pero ninguno de nosotros, los de su equipo, puede descubrir por qué los jurados regresan con veredictos a su favor, aun cuando esto signifique un millón de dólares. Es un misterio que no podemos descifrar".

El viejo abogado dijo: "Me gustaría contarle, pero realmente no me creería si lo hiciera".

El joven lo sondeó mes tras mes. Por un largo tiempo el mayor insistió: "Realmente no significaría nada para usted".

Finalmente un día, cuando el joven iba a dejar su firma para trasladarse a otra ciudad, el abogado mentor le dijo: "Sube al auto conmigo". Se fueron a un almacén. El viejo abogado llenó la parte de atrás de su auto con artículos que compró, y comenzaron el camino hacia el campo. Había nevado. Estaba demasiado helado y el frío era penetrante. Finalmente, llegaron a una granja muy modesta. El viejo mentor le pidió al abogado joven que lo ayudara a llevar los artículos de almacén.

LLAVE DE SABIDURÍA

"Usted ha sido asignado a aquellas personas por las cuales siente compasión."

Cuando entraron a la casa, el joven vio a un pequeño sentado en un sofá. Miró con más atención y notó que el niño tenía ambas piernas cortadas. Había sido la consecuencia de un accidente de tránsito. El viejo le habló a la familia durante un rato y dijo: "Solo pensaba traer algunas mercaderías, ya que sé cuán difícil es para ustedes salir con este clima tan duro".

Cuando volvían a la ciudad, el viejo abogado miró al joven y le dijo: "Es bastante simple. A mi *realmente me interesan mis clientes. Creo* en sus casos. *Creo* que ellos merecen los mejores convenios que puedan ser alcanzados. Cuando me paro delante del jurado, de algún modo ellos lo sienten. Vuelven con los veredictos que deseo. *Siento lo que mis clientes sienten*. Los miembros de la corte sienten lo que yo siento".

Jesús se dolió cuando otros se dolían.

Oración

Padre, por favor abre mis ojos a los heridos que están a mi alrededor. Enséñame que el logro y el éxito incluyen el cuidado de los que están a mi lado. Ayúdame a tener compasión de los lastimados y quebrantados. En el nombre de Jesús, amén.

Preguntas

¿Qué líderes ha usted observado que muestran compasión?

¿Cómo incorpora compasión a su estilo de liderazgo?

Jesús no tenía miedo
de mostrar sus sentimientos

"MAS EL JUSTO ESTÁ CONFIADO COMO UN LEÓN."
Proverbios 28:1

Las emociones dictan los acontecimientos del mundo.

Un líder mundial enojado ataca a otro país. Los empleados enojados de líneas aéreas hacen huelga en los aeropuertos. Una madre a quien un conductor borracho le ha matado a su hijo emprende una campaña nacional. Miles se reagrupan para detener los abortos de millones de bebés.

Los sentimientos sí importan en la vida.

En los negocios, los sentimientos son contagiosos. Cuando un vendedor está emocionado con un producto, el cliente lo siente y es influenciado por este sentimiento.

Jesús no tenía miedo de expresarse a sí mismo.

Cuando se enojaba, otros lo sabían. "Estaba cerca la pascua de los judíos, y subió Jesús a Jerusalén, y halló en el templo a los que vendían bueyes, ovejas y palomas (...) y haciendo un azote de cuerdas, echó fuera del templo a todos, y esparció las monedas de los cambistas y volcó las mesas" (Juan 2:13-15).

Jesús fue profundamente movido a compasión cuando vio las multitudes que vagaban sin propósito ni dirección. "Y al ver las multitudes, tuvo compasión de ellas; porque estaban desamparadas y dispersas como ovejas que no tienen pastor" (Mateo 9:36).

La Biblia también registra que Jesús lloró abiertamente. "Y cuando llegó cerca de la ciudad, al verla, lloró sobre ella" (Lucas 19:41).

No hablo de un carácter incontrolable, tampoco me refiero a alguien que lloriquea y cambia bruscamente de estado de ánimo cada vez que un problema ocurre en la vida.

En cambio, le pido que note que Jesús no encerró sus emociones. No era un robot. Era entusiasta cuando veía una demostración de fe: lloraba cuando veía incredulidad.

Pedro, su discípulo, fue afectado por esto. Pablo ardía por esto. Ellos cambiaron el curso de la historia.

Sea audaz en expresar sus opiniones. Sienta fuertemente las cosas que importan en la vida. Puede ser una influencia maravillosa para su bien.

Usted siempre será acercado a gente expresiva. Miles gritan en los conciertos de *rock*, en los partidos de fútbol y en los campeonatos de boxeo.

No sea un espectador de la vida. Entre al campo que le interesa.

Jesús lo hizo.

Oración

LLAVE DE SABIDURÍA

"El problema que más lo enoja es el que Dios le ha asignado para que resuelva."

Señor, yo sé que la pasión y el entusiasmo para la vida son llaves para el éxito. Ayúdame a encontrar y dirigir la pasión y el entusiasmo santo en mi vida. Enséñame a ser audaz en expresar mis opiniones y sentimientos. Entréname a ser un jugador en la vida, no un espectador. En el nombre de Jesús, amén.

Preguntas

¿Cuándo fue la última vez que deseó, después de un acontecimiento, haber expresado sus sentimientos de una manera diferente en una situación?

¿Cómo se expresará la próxima vez que enfrente una situación similar?

¿Qué puede hacer para aprender a incorporar inflexión expresiva de la voz, gestos e idioma corporal en su estilo de comunicación?

Jesús conocía el poder del hábito

"DIJO ENTONCES JESÚS A LOS JUDÍOS QUE HABÍAN CREÍDO EN ÉL: SI VOSOTROS PERMANECIEREIS EN MI PALABRA, SERÉIS VERDADERAMENTE MIS DISCÍPULOS."

Juan 8:31

Los grandes hombres simplemente tienen grandes hábitos.

Un billonario popular dijo: "Yo llego a mi oficina a las 07:00. Es un hábito". Recientemente un novelista *best-seller*, que ha vendido más de un millón de libros dijo: "Me levanto a la misma hora todas las mañanas. Comienzo a escribir a las 08:00 y dejo a las 16:00. Lo hago todos los días. Es un hábito".

El hábito es un don de Dios. *Simplemente significa que cualquier cosa que usted haga más de dos veces se vuelve más fácil*. Es la clave del creador para ayudarlo a tener éxito.

Jesús estaba ocupado. Viajaba. Oraba por los enfermos.

Enseñaba y ministraba. Supervisaba a sus discípulos. Hablaba a grandes multitudes.

Sin embargo, tenía una costumbre y un hábito importante. "Vino a Nazaret, donde se había criado; y en el día de reposo entró en la sinagoga, CONFORME A SU COSTUMBRE, y se levantó a leer" (Lucas 4:16).

Daniel oraba tres veces al día (Daniel 6:10). El salmista oraba siete veces al día (Salmo 119:164). Los discípulos de Jesús se reunían el primer día de cada semana (Hechos 20:7).

Jesús sabía que los grandes hombres simplemente tienen grandes hábitos.

Oración

Padre, enséñame a desarrollar buenos hábitos, hábitos que me guíen al éxito. Dame la perseverancia para seguir formando hábitos que tú deseas para mí. En el nombre de Jesús, amén.

Preguntas

¿Qué hábitos positivos son importantes para la efectividad de su tiempo?

LLAVE DE SABIDURÍA

"Nunca cambiará su vida hasta que cambie su rutina diaria."

¿Cuál es el hábito positivo que a usted le gustaría añadir, y el mal hábito que le gustaría borrar de su rutina diaria?

¿Cómo planea hacer esto durante las próximas tres semanas?

Jesús terminaba lo que comenzaba

"EL DESEO CUMPLIDO REGOCIJA EL ALMA."
Proverbios 13:19

Los exitosos son aquellos que terminan las cosas.

Es divertido ser creativo. Es emocionante dar siempre a luz nuevas ideas, pensar en nuevos lugares para ir, o lanzar un producto nuevo, pero lo verdaderos campeones completan las cosas. Son personas que *prosiguen hacia su objetivo.*

Jesús tenía treinta años cuando comenzó su ministerio. Su ministerio fue de tres años y medio. Hizo muchos milagros. Tocó muchas vidas. Electrificó el mundo a través de doce hombres.

Pero, escondido en miles de escrituras hay un principio de oro que reveló el poder de Jesús. Sucedió en el horrible día de su crucifixión. Fue burlado por miles de personas. Clavos traspasaron sus manos.

Una lanza atravesó su costado.

Espinas de veinte centímetros se hincaron en su frente. La sangre se había secado en sus cabellos. Algunos dicen que cuatrocientos soldados escupieron su cuerpo.

En ese momento mencionó quizás la oración más grande en la tierra: "Consumado es" (Juan 19:30). Los pecados del hombre fueron perdonados. Jesús pagó el precio. El plan fue completo. Jesús fue el cordero llevado al matadero.

Jesús fue la principal piedra angular (Efesios 2:20). El Príncipe de Paz ha venido (Isaías 9:6). Nuestro sumo sacerdote, el Hijo de Dios, fue nuestro eslabón de oro hacia el Dios de los cielos.

Jesús fue una persona que terminaba todo lo que empezaba. Terminó lo que comenzó. El puente que unió al hombre con Dios estaba completo. El hombre pudo acercarse a su creador sin temor.

Pablo finalizaba todo lo que empezaba (2 Timoteo 4:7).

Salomón, el hombre más sabio que haya existido, fue una persona que terminaba lo que empezaba (1 Reyes 6:14).

Un multimillonario famoso dijo: "Pagaré un gran salario a cualquiera que pueda completar una instrucción que yo le dé".

Comience por completar pequeñas cosas. Escriba esa nota de agradecimiento a su amigo. Haga esas dos llamadas por teléfono que posterga por tanto tiempo.

Tenga el espíritu de una persona que concluye lo que comienza.

Oración

Padre, dame el espíritu de una persona que termina lo que empieza. Dame la voluntad y el deseo para completar lo que he comenzado. Dame tu fuerza para continuar. En el nombre de Jesús, amén.

Preguntas

¿Cuáles son las seis cualidades de esta clase de personas?

¿Cuántas de estas cualidades posee usted?

¿Qué hará en los próximos treinta días para ser una persona más firme en terminar lo que empieza?

LLAVE DE SABIDURÍA

"Su salida será recordada por más tiempo que su entrada."

Jesús conocía bien las Escrituras

"LÁMPARA ES A MIS PIES TU PALABRA,
Y LUMBRERA A MI CAMINO."

Salmo 119:105

Cuando Dios habla, los sabios escuchan.

El libro más grande en la Tierra es la Biblia. Ha sobrepasado la venta de cualquier libro. Es la Palabra de Dios.

Lleva aproximadamente 56 horas leer la Biblia completamente. Si lee 40 capítulos por día, la leerá completa en 30 días. Si lee nueve capítulos al día en el Nuevo Testamento, terminará de leerlo en 30 días. Usted debería leer la Biblia sistemáticamente. Regularmente. Con expectativa.

Lea Lucas 4. Cuando Satanás presentó las tentaciones a Jesús, el Señor simplemente citó las Escrituras como respuesta. *La Palabra de Dios es poderosa*. "En mi corazón he guardado tus dichos, para no pecar contra ti" (Salmo 119:11).

El libro de Proverbios tiene 31 capítulos. ¿Por qué no sentarse hoy y comenzar un nuevo hábito magnífico y leer este libro de sabiduría completamente cada mes? Lea

144

simplemente el capítulo uno en el primer día de cada mes, capítulo dos el segundo, y así sucesivamente.

La Palabra de Dios edificará su fe. "Así que la fe es por el oír, y el oír, por la palabra de Dios" (Romanos 10:17). La fe viene cuando *oye* a Dios hablar. La fe viene cuando usted *habla* la Palabra de Dios.

LLAVE DE SABIDURÍA

"La fe viene cuando oye hablar a Dios."

La Palabra de Dios lo mantiene puro. "¿Con qué limpiará el joven su camino? Con guardar tu palabra" (Salmo 119:9).

Jesús conoció la Palabra.

Oración

Padre, sé que la Biblia es tu Palabra, y me ha sido dada. Gracias, Padre, por poner en mis manos los medios a través de los cuales puedo incrementar mi fe y mantener mi pureza. Hoy me comprometo a leer la Palabra y a estudiarla como el libro más importante de mi vida. En el nombre de Jesús, amén.

Preguntas

¿Cómo ha impactado su conocimiento de la Palabra de Dios a su efectividad como líder?

¿Qué hará los próximos treinta días para aumentar el conocimiento de la Palabra?

Jesús nunca se apuró

"CON VUESTRA PACIENCIA GANARÉIS VUESTRAS ALMAS."

Lucas 21:19

La impaciencia es costosa.

Esta es una generación impaciente. Comidas rápidas, hornos microondas y las autopistas con tránsito veloz reflejan esta filosofía.

Sus mayores errores sucederán a causa de la impaciencia.

La mayoría de los negocios que fracasan, lo hacen porque les falta preparación y tiempo. Los grandes negocios no se logran de la noche a la mañana. Aún a los Estados Unidos le costó años convertirse en una nación independiente.

Tómese tiempo para crecer en su negocio. Sea determinado con sus proyectos. Conviértase en una persona que logra proyectos a largo plazo.

La vida es un maratón, no una carrera de velocidad de cien metros.

Los campeones controlan su ritmo. Ven el cuadro completo.

Jesús no permitió que las emergencias de otros lo pertur-baran. No hay escrituras registradas que lo muestren apurado o en un estado de emergencia.

Considere cuando a Jesús le llegó la noticia de que uno de sus amigos más cercano, Lázaro, estaba enfermo. María y Marta, las hermanas, querían que Jesús SE APURASE y orara por la sanidad del hombre antes de que muriera. Jesús controló sus propios tiempos, una agenda sin apuros. Lázaro murió. Acá está la historia:

"Estaba entonces enfermo uno llamado Lázaro, de Betania, la aldea de María y de Marta su hermana. (María, cuyo hermano Lázaro estaba enfermo, fue la que ungió al Señor con perfume, y le enjugó los pies con sus cabellos.) Enviaron, pues, las hermanas para decir a Jesús: Señor, he aquí el que amas está enfermo. Oyéndolo Jesús, dijo: Esta enfermedad no es para muerte, sino para la gloria de Dios, para que el Hijo de Dios sea glorificado por ella. Y amaba Jesús a Marta, a su hermana y a Lázaro. Cuando oyó, pues, que estaba enfermo, se quedó dos días más en el lugar donde estaba".

"Y Marta dijo a Jesús: Señor, si hubieses estado aquí, mi hermano no habría muerto."

"Jesús dijo: Tu hermano resucitará."

"Y habiendo dicho esto, clamó a gran voz: ¡Lázaro, ven fuera!"

"Y el que había muerto salió, atadas las manos y los pies con vendas, y el rostro envuelto en un sudario. Jesús

les dijo: Desatadle y dejadle ir"
(Juan 11:1-6, 21, 23, 43-44).

Tener firmeza en las decisiones es poderoso y magnético, pero Jesús nunca tomó decisiones por las tácticas de presión de otras personas. Rechace ser intimidado por declaraciones tales como: "Este es el último disponible este año. Si no lo compras ahora, quizás no tengas otra oportunidad".

LLAVE DE SABIDURÍA

"La paciencia es el arma que presiona al engaño a revelarse."

Los negociantes talentosos enseñan que *la espera es un arma*. Quienquiera que sea el más apurado e impaciente generalmente termina con el peor fin del trato.

Tómese tiempo para hacer las cosas correctamente. La debilidad y los errores de cualquier plan son a menudo ocultados por el apuro y el aturdimiento.

Jesús lo sabía.

Oración

Padre, dame paciencia. Enséñame a esperar hasta poder oír tu voz y conocer el tiempo correcto. Gracias por darme la paciencia y el deseo de hacer las cosas correctamente. En el nombre de Jesús, amén.

Preguntas

Como líder, ¿cuándo ha experimentado una situación en la que la espera fue un arma efectiva?

¿Qué tipos de errores serios ha visto como resultado de la impaciencia?

¿Cómo se cuida de la impaciencia?

Jesús iba donde era celebrado en vez de donde era tolerado

"PORQUE MEJOR ES QUE SE TE DIGA: SUBE ACÁ, Y NO QUE SEAS HUMILLADO DELANTE DEL PRÍNCIPE A QUIEN HAN MIRADO TUS OJOS."

Proverbios 25:7

Nunca permanezca donde no es valorado.

Nunca permanezca donde no ha sido asignado. Valore su don. Vigile bien cualquier talento que Dios le haya dado. Conózcalo. Dios ha preparado a personas para que lo reciban cuando usted está en el lugar de su tarea.

Jesús fue incapaz de hacer cualquier milagro en ciertas ciudades. La gente dudaba. La incredulidad era como un cáncer en la atmósfera. Le impidió liberar el fluir de sanidad.

Jesús enseñó a sus discípulos a retirarse de cualquier lugar en el que no los valorizaran. "Y si alguno no os recibiere, ni oyere vuestras palabras, salid de aquella casa o ciudad, y sacudid el polvo de vuestros pies" (Mateo 10:14; ver también Proverbios 25:17).

Es necio desperdiciar toda su vida en aquellos que no lo celebran. *Muévase hacia delante.*

Jesús lo hizo.

Oración

Señor, te pido que me des la sabiduría y el discernimiento para permanecer donde soy valorado y dejar los lugares donde no lo soy. Enséñame a no desperdiciar mi vida en cosas necias. En el nombre de Jesús, amén.

Preguntas

LLAVE DE SABIDURÍA

"Nunca espere que una idea de 10 x 20 la celebre una mente de 3 x 5."

¿Cuáles son las señales que usted observa cuando su tarea en un lugar está por terminar?

¿Cómo ha respondido cuando se volvió obvio que sus dones y talentos no fueron valorados?

¿Cómo puede prepararse para estar listo para moverse cuando su tarea está terminada?

Jesús consultaba constantemente a su Padre celestial

"DONDE NO HAY DIRECCIÓN SABIA, CAERÁ EL PUEBLO; MAS EN LA MULTITUD DE CONSEJEROS HAY SEGURIDAD."

Proverbios 11:14

Aprenda a extenderse.

Un famoso billonario de nuestro tiempo fue entrenado por su padre. En uno de sus libros recientes, dijo que llama a su padre una docena de veces por semana. También llama por teléfono a su propia oficina de diez a doce veces al día. Dijo: "Si no permanezco constantemente en contacto con mi negocio, se arruina". Permanezca en contacto con su supervisor, su jefe, *con cualquiera que lo esté supervisando, dirigiendo o guiando en algo que usted quiere lograr*. Permanezca regularmente conectado.

Jesús era brillante. Era un hacedor de milagros. Constantemente consultaba a su Padre celestial. "De cierto, de cierto os digo: No puede el Hijo hacer nada por sí mismo, sino lo

153

que ve hacer al Padre; porque todo lo que el Padre hace, también lo hace el Hijo igualmente" (Juan 5:19).

Jesús estaba abierto a su Padre en relación a sus sentimientos. En el jardín de Getsemaní, clamó: "Padre mío, si es posible, pase de mí esta copa; pero no sea como yo quiero, sino como tú" (Mateo 26:39).

Jesús fue constante en buscar a su padre. "Otra vez fue y oró por segunda vez, diciendo: Padre mío, si no puedes pasar de mí esta copa sin que yo la beba, hágase tu voluntad" (Mateo 26:42). Jesús se sintió solo. Vivió en nuestro mundo, experimentó los sentimientos que usted siente. Es nuestro hermano mayor. *Y no fue orgulloso, sino que mantenía una estrecha relación con su Padre.*

Conozca el poder de la conexión. Produzca el contacto. *Sepa que es el primer paso hacia el incremento. Alguien es un eslabón para sus éxitos futuros.* El mañana depende de su habilidad para buscar a esa persona. Hágalo.

Jesús se extendió.

Oración

Padre, dame la inteligencia y la humildad para consultar a los que me guían. Pon en mí el deseo de permanecer humilde y buscarte todos los días. Padre, por favor no permitas que me vuelva demasiado orgulloso para dejar de extenderme a buscar ayuda. En el nombre de Jesús, amén.

Preguntas

¿Qué proceso usa usted para permanecer en contacto directo con su superior o con su mentor? ¿Con qué frecuencia lo utiliza?

¿Cómo conoce a su superior? ¿Qué hace para nutrir esa relación?

¿Con qué frecuencia consulta a su Padre celestial en busca de guía en relación a su trabajo?

LLAVE DE SABIDURÍA

"Los mentores son puentes al mañana."

Jesús sabía que la oración genera resultados

---

*"LEVANTÁNDOSE MUY DE MAÑANA, SIENDO AÚN
MUY OSCURO, SALIÓ Y SE FUE A UN LUGAR
DESIERTO, Y ALLÍ ORABA."*

Marcos 1:35

La oración funciona.

Satanás teme a su oración ligada a Dios. Por eso intentará sabotear la oración de cualquier manera posible. No lo deje. **Tenga una cita diaria con Dios**. Usted hace citas con su dentista. Hace citas con su abogado. Tenga una cita específica con Dios.

Si lo hace, nunca será el mismo.

Jesús oraba durante tiempos de crisis. Justo antes de su crucifixión, oró tres veces en forma diferente a su Padre (Mateo 26:44).

Jesús enseñó a sus discípulos cómo orar. Hay seis palabras importantes para recordar cuando usted lee "El Padrenuestro" (Mateo 6:9-13).

1) Alabanza. "Padre, nuestro que estás en los cielos, santificado sea tu nombre" (Mateo 6:9). Este es un momento oportuno para recordar que Dios se asignó a sí mismo numerosos nombres. Jehová-Jireh (Génesis 22:14), que significa "el Señor provee". Jehová-Rapha (Éxodo 15:26) significa "el Señor que sana".

2) Prioridades. "Venga tu reino. Hágase tu voluntad, como en el cielo, así también en la tierra" (Mateo 6:10). Acá usted le pide al Señor que implemente su plan para cada día. Pídale que su voluntad sea hecha en el gobierno, en su trabajo, en su hogar y en su vida personal.

3) Provisión. "El pan nuestro de cada día, dánoslo hoy" (Mateo 6:11). Cuando ore, comience a agradecerle a Dios porque Él le provee todas las finanzas y otros recursos que necesita para su vida.

4) Perdón. "Y perdónanos nuestras deudas, así como nosotros perdonamos a nuestros deudores" (Mateo 6:12). Jesús instruye a sus discípulos a liberar el perdón y de esta manera perdonar a los que habían pecado contra ellos. Lo que usted hace que suceda en otros, Dios lo hará para usted. Misericordia es otorgada libremente a aquellos que la dan libremente.

5) Protección. "Y no nos metas en tentación, mas líbranos del mal" (Mateo 6:13). Jesús enseñó a sus discípulos a orar por protección durante todo el día.

6) Adoración. "Porque tuyo es el reino, y el poder, y la

LLAVE DE SABIDURÍA

"Cuando entre a la presencia de Dios, sus mejores ideas saldrán a la luz."

gloria, por todos los siglos. Amén." Jesús les enseñó a terminar este tiempo de oración con alabanza a su Padre celestial por quien Él es y por el poder que libera en las vidas.

Guarde una lista de oración. Establezca un tiempo especial cada día. Y si es posible tenga un sitio especial, reservado para orar.

No olvide la *oración en acuerdo*. "Otra vez os digo, que si dos de vosotros se pusieren de acuerdo en la tierra acerca de cualquiera cosa que pidieren, les será hecho por mi Padre que está en los cielos" (Mateo 18:19).

Jesús *oró*.

Oración

Padre, ¡gracias por la oración! Sé que cuando estoy en tu presencia, me revelarás tus planes y deseos para mí. Constantemente recuérdame que la oración funciona y siempre funcionará. En el nombre de Jesús, amén.

Preguntas

¿Cuánto tiempo programa cada día para orar?

¿Qué hace para vigilar celosamente ese tiempo?

¿Qué testimonios especiales tiene sobre cómo su vida de oración lo ha convertido en un mejor líder?

Jesús se levantaba temprano

*"POR LO TANTO, LEVÁNTENSE MAÑANA TEMPRANO, TÚ Y
LOS SIERVOS DE TU SEÑOR QUE VINIERON CONTIGO, Y
VÁYANSE CON LA PRIMERA LUZ DEL DÍA."*

1 Samuel 29:10 (NVI)

Los campeones se apropian de su día.

Los hombres exitosos, famosos, generalmente se levantan al amanecer. Empiezan temprano el día. Usted se asombrará cuánto puede lograr cuando otros recién comienzan su día.

Jesús se levantaba temprano. "Levantándose muy de mañana, siendo aún muy oscuro, salió y se fue a un lugar desierto, y allí oraba" (Marcos 1:35). Jesús consultaba a su Padre celestial antes de consultar a cualquier otro. Perseguía la influencia de Dios, bien temprano.

Josué se levantaba temprano. "Y Josué se levantó de mañana, y los sacerdotes tomaron el arca de Jehová" (Josué 6:12).

Moisés, el gran libertador de los israelitas, se levantaba cuando el alba despuntaba (Éxodo 8:20). Abraham, el gran patriarca de la nación judía, se levantaba temprano (Génesis 19:27).

Usted piensa más claramente por la mañana. Puede *enfocarse* bien en las cosas. Su día está sin aprovechar. Cuando acumula las emociones y el estrés de otros a través del día, la calidad de su trabajo se deteriora.

Su estilo de vida puede ser una excepción a esta regla. Muchas personas trabajan toda la noche y usan el día para dormir. Pero la mayoría ha descubierto que las mejores horas de nuestro día son bien de mañana, cuando están desprovistas de las demandas de otras personas.

Jesús lo sabía.

Oración

Señor, enséñame a apropiarme del día. Dame el conocimiento para ser amo de mi tiempo, de modo que pueda ser amo de mi vida. Tú me has dado dones y talentos que no puedo desperdiciar si duermo. Motívame e impúlsame. En el nombre de Jesús, amén.

LLAVE DE SABIDURÍA

"El que es amo de su tiempo, es amo de su vida."

Preguntas

¿Qué prefiere hacer en las primeras horas del día?

¿Qué porcentaje de su trabajo más productivo es logrado antes de las 10:00?

¿Qué le sucede a su día cuando no se levanta temprano?

Jesús nunca sintió que tenía que rendir una prueba ante otros

---

"NO DEIS LO SANTO A LOS PERROS, NI ECHÉIS VUESTRAS PERLAS DELANTE DE LOS CERDOS, NO SEA QUE LAS PISOTEEN, Y SE VUELVAN Y OS DESPEDACEN."

Mateo 7:6

Usted ya es importante.

Usted no tiene que dar una prueba ante nadie. Es el fruto de un creador extraordinario. Tiene la mente de Cristo. Sus dones y talentos han sido colocados dentro de usted. *Descubra cuáles son. Celébrelos.* Encuentre formas de usar esos dones para mejorar a otras personas y ayudarlos a lograr sus metas y sueños.

Pero nunca, nunca, nunca desperdicie ni agote sus energías para tratar de probar algo ante alguien.

El valor debe ser discernido.

Jesús sabía esto. Satanás lo tentó. "Y vino a él el tentador, y le dijo: Si eres Hijo de Dios, di que estas piedras se conviertan en pan. Él respondió y dijo: Escrito está: No sólo de

163

pan vivirá el hombre, sino de toda palabra que sale de la boca de Dios" (Mateo 4:3-4).

Jesús destapó los oídos sordos. Abrió los ojos de los ciegos. Hizo caminar a los cojos. Los muertos volvieron a vivir. Los pecadores fueron cambiados. Pero los desprecios de los que dudaban continuaron en los oídos de Jesús en medio de su crucifixión: "Tú que derribas el templo, y en tres días lo reedificas, sálvate a ti mismo; si eres Hijo de Dios, desciende de la cruz" (Mateo 27:40).

¿Cuál fue la reacción de Jesús? *Él estaba seguro de su valor*. Conocía su *propósito*. *No permitió que las burlas de los hombres ignorantes cambiaran sus planes.*

Usted no es responsable de ninguna otra cosa sino de un esfuerzo honesto por agradar a Dios.

Manténgase enfocado.

Jesús lo hizo.

Oración

Padre, gracias por no hacerme responsable de ninguna otra cosa sino de un esfuerzo por agradarte. Ayúdame a recordar que no encuentro valor en lo que otros piensan de mí, sino en lo que tú piensas de mí. En el nombre de Jesús, amén.

Preguntas

¿Con qué frecuencia se siente amenazado por lo que otros piensan de usted como líder?

En un puntaje de uno a diez, ¿cómo mediría su nivel de madurez? ¿Cómo lo mediría su *staff* a usted? ¿Y sus compañeros?

LLAVE DE SABIDURÍA

"Los que no disciernen su valor están descalificados para tener una relación estrecha con usted."

Jesús evitó confrontaciones innecesarias

"NO PAGUÉIS A NADIE MAL POR MAL; PROCURAD LO BUENO DELANTE DE TODOS LOS HOMBRES. SI ES POSIBLE, EN CUANTO DEPENDA DE VOSOTROS, ESTAD EN PAZ CON TODOS LOS HOMBRES. NO OS VENGUÉIS VOSOTROS MISMOS, AMADOS MÍOS, SINO DEJAD LUGAR A LA IRA DE DIOS; PORQUE ESCRITO ESTÁ: MÍA ES LA VENGANZA, YO PAGARÉ, DICE EL SEÑOR."

Romanos 12:17-19

Permanezca lejos de conflictos innecesarios.

Es agotador. Es improductivo. Pelear y discutir es una pérdida de tiempo. Millones de dólares se han perdido en negociaciones a causa de espíritus contenciosos. La guerra es costosa, y nadie realmente gana.

Jesús conocía el vacío del odio. "Al oír estas cosas, todos en la sinagoga se llenaron de ira; y levantándose, le echaron fuera de la ciudad, y le llevaron hasta la cumbre del monte sobre el cual estaba edificada la ciudad de ellos, para despeñarle. Mas él pasó por en medio de ellos, y se fue" (Lucas 4:28-30).

Jesús se fue por su camino.

Jesús no se opuso. No se peleó con ellos. *Hizo otros planes.* Estaba en los negocios de su Padre. *Se enfocó en sus propias metas.* "Descendió Jesús a Capernaum, ciudad de Galilea; y les enseñaba en los días de reposo" (Lucas 4:31).

Jesús no cayó en depresión. No entró en un diálogo innecesario con ellos. No se achicó. *Prosiguió hacia su misión y propósito.*

Nunca se comprometió con el mundo, ni temió a las discusiones. Su uso del látigo en el templo reflejó su fuerza y guerra contra el mal. Sin embargo, no desperdició su energía en conflictos triviales que no merecían su atención.

Aprenda a mantener su boca cerrada. "El que guarda su boca y su lengua, su alma guarda de angustias" (Proverbios 21:23).

Jesús era un pacificador.

Oración

Padre, ayúdame a mantener mi boca cerrada y a permanecer en una atmósfera de paz y productividad. No me dejes vagar por el camino de la pelea y la confusión. Mantenme enfocado en la tarea que tengo cerca. En el nombre de Jesús, amén.

LLAVE DE SABIDURÍA

"La atmósfera que crea a su alrededor, decide el producto que produce."

Preguntas

¿Cómo puede describir su estilo de liderazgo actual cuando se encuentra enfrentado al odio y a la confrontación?

¿Son efectivos sus talentos de liderazgo para evitar o disolver situaciones explosivas?

Jesús delegó

"EN AQUELLOS DÍAS, COMO CRECÍA EL NÚMERO DE LOS DISCÍPULOS, HUBO MURMURACIÓN DE LOS GRIEGOS CONTRA LOS HEBREOS, DE QUE LAS VIUDAS DE AQUÉLLOS ERAN DESATENDIDAS EN LA DISTRIBUCIÓN DIARIA. ENTONCES, LOS DOCE CONVOCARON A LA MULTITUD DE LOS DISCÍPULOS, Y DIJERON: NO ES JUSTO QUE NOSOTROS DEJEMOS LA PALABRA DE DIOS, PARA SERVIR A LAS MESAS. BUSCAD, PUES, HERMANOS, DE ENTRE VOSOTROS SIETE VARONES DE BUEN TESTIMONIO, LLENOS DEL ESPÍRITU SANTO Y DE SABIDURÍA, A QUIENES ENCARGUEMOS ESTE TRABAJO. Y NOSOTROS PERSISTIREMOS EN LA ORACIÓN Y EN EL MINISTERIO DE LA PALABRA."

Hechos 6:1-4

Conozca sus limitaciones.

Es más productivo poner diez hombres a trabajar, que uno solo haga el trabajo de diez. **Delegar es simplemente dar a otros instrucciones y motivación necesaria para completar una tarea en particular**. Esto lleva tiempo y paciencia. Pero es un beneficio a largo término.

169

Jesús dio órdenes a las multitudes. Instruyó a sus discípulos para lograr que la gente se sentara. Luego les dio los panes y los pescados para la distribución (Mateo 14:19). Envió a sus discípulos a conseguir un burro (Mateo 21:2). Instruyó a un ciego a completar su sanidad (Juan 9:6-7). Envió a sus discípulos a las ciudades para preparar comidas especiales (Marcos 14:12-15).

Hay algunas cosas importantes que usted tiene que recordar cuando se relaciona con otras personas:

1. Haga una lista de las responsabilidades exactas de cada una.

2. Instrúyalos cuidadosamente según lo que usted espera con exactitud que hagan.

3. Déles la información y autoridad necesaria para completar esas tareas.

4. Establezca fechas en las que tienen que terminar la tarea.

5. Muestre claramente cómo serán recompensados por su esfuerzo.

Tómese el tiempo para motivar y educar a las personas con las que trabaja para que sepan exactamente lo que usted espera de ellos. *Tómese el tiempo para delegar.*

Jesús lo hizo.

Oración

Señor, coloca en mí la sabiduría y la responsabilidad para delegar. Enséñame a confiar en otros y a conocer el significado de las expectativas reales. Gracias porque tú me has dado un ejemplo exitoso en este tema de delegar por medio de tu Hijo. En el nombre de Jesús, amén.

Preguntas

En una escala de uno a diez, ¿cuán real y verdaderamente delego responsabilidades a otros? ¿Y autoridad a otros?

¿Qué miedos me impiden delegar más efectivamente?

En el próximo mes, ¿qué pasos tomaré para vencer estos miedos y delegar con mayor eficacia?

LLAVE DE SABIDURÍA

"Uno solo no se puede multiplicar."

Jesús guardó cuidadosamente su agenda personal

"EL CORAZÓN DEL SABIO DISCIERNE EL TIEMPO Y EL JUICIO."

Eclesiastés 8:5

Su agenda diaria es su vida.

Usted no puede guardar el tiempo. No puede recolectarlo. No puede colocarlo en una cuenta bancaria especial. Solo se le permite **gastarlo**, sabia o neciamente. **Debe hacer algo con el tiempo.**

Lo invertirá, o lo desperdiciará.

Muchas personas tienen una agenda escondida. Habrá personas que están a su alrededor que tratarán de "sacarlo de su camino". Habrá otros que no ven el "cuadro completo". Tratarán de meterlo en la crisis del momento y sacarlo de su enfoque. Usted debe ser cuidadoso en **proteger su lista de prioridades**.

Jesús lo hizo.

Como mencioné anteriormente, hay una historia fascinante en la Biblia sobre esto. Lázaro, un amigo íntimo de Jesús, se enfermó. María y Marta, sus dos hermanas, le enviaron a decir a Jesús que fuese donde ellas estaban. Sin embargo: "Cuando oyó, pues, que estaba enfermo, se quedó dos días más en el lugar donde estaba" (Juan 11:6). María estaba enojada: "Señor, si hubieses estado aquí, mi hermano no habría muerto".

Otra vez, Jesús deliberadamente retrasó su llegada. Mantuvo su propia agenda. Con firmeza respetó sus tiempos. No permitió que las emergencias de otros lo quitaran de la senda. *Guardó su lista de prioridades.*

Haga que el día de hoy cuente. Tenga presente los "veinticuatro vagones de oro (las horas) en el viaje al éxito". *Si no controla lo que entra en cada uno de los veinticuatro vagones, alguien lo hará por usted.*

Evite las distracciones. Escriba su lista diaria de las cosas que tiene que hacer. Proteja su calendario. *Esa es su vida.* Hágala realidad.

Jesús lo hizo.

Oración

Padre, dame la discreción y la fuerza para proteger mi agenda. Enséñame a organizar mi tiempo y a darle el lugar correcto a mis prioridades. En el nombre de Jesús, amén.

LLAVE DE SABIDURÍA

"Solo usted conoce sus prioridades."

Preguntas

¿Qué técnicas ha encontrado más efectivas para proteger sus prioridades diarias?

¿Qué hará en los próximos treinta días para aprender tres técnicas nuevas de administración?

Jesús hacía preguntas para determinar correctamente las necesidades y deseos de otras personas

"ESCUCHA EL CONSEJO, Y RECIBE LA CORRECCIÓN, PARA QUE SEAS SABIO EN TU VEJEZ."

Proverbios 19:20

Haga preguntas.

Interrogue su mundo. Insista en escuchar las opiniones y necesidades de las personas.

Casi nadie en la Tierra escucha a otras personas ni le hace preguntas.

Este es un secreto del liderazgo de éxito.

Jesús hacía preguntas.

Una vez Simón Pedro se fue a pescar. No pescó nada. Cuando llegó la mañana, Jesús estaba parado en la orilla y gritó: "Hijitos, ¿tenéis algo de comer?" (Juan 21:15). *Jesús no supuso nada. Persiguió la información.*

Su respuesta fue el punto de entrada a la vida de ellos. Tenía algo que ellos necesitaban. *Tenía información.*

Su pregunta fue un eslabón para el futuro de los discípulos. *Fue el puente para su relación.* Luego los instruyó: "Echad la red a la derecha de la barca, y hallaréis ..." (Juan 21:6).

Documente las necesidades de las personas con las cuales se relaciona. Tome nota de ellas en un cuaderno y piense cómo puede satisfacer esos deseos. ¿Cuáles son las necesidades de sus clientes hoy? ¿Realmente *los escucha*? ¿Siente *verdaderamente* que los escucha? La mayoría de los empleados sienten que sus jefes en realidad no oyen sus quejas. La mayoría de los empleadores sienten que sus empleados no los interpretan correctamente.

Jesús persiguió la información.

Oración

Padre, abre mis ojos y oídos para ver y oír la información correctamente. Recuérdame constantemente la importancia de la información y cómo esta puede determinar mi éxito. En el nombre de Jesús, amén.

176

Preguntas

¿Con qué frecuencia le pregunta a su *staff* lo que ellos necesitan o desean?

¿Cuán efectivo es usted en preguntar a sus clientes internos y externos las preguntas correctas para determinar sus necesidades reales, no solo lo que ellos *piensan* que quieren?

LLAVE DE SABIDURÍA

"Información es la diferencia entre su presente y su futuro."

¿Qué hará durante los próximos noventa días para mejorar su habilidad para hacer preguntas?

Jesús siempre respondió con la verdad

"... QUIEN MANTIENE SU PROMESA AUN CUANDO DUELE."
Salmo 15:4 (NVI)

Sea verdadero.

Alguien ha dicho: "Di la verdad la primera vez, y nunca tendrás que tratar de recordar lo que dijiste". La verdad siempre sobrevive a las tormentas de las difamaciones y las falsas acusaciones.

Nunca represente mal su producto ante un cliente.

Pinte cuidadosamente delante de su familia el cuadro de la verdad total.

Nada es más importante en la vida que la credibilidad. Cuando usted la pierde, ha perdido la esencia del favor, del amor y del éxito.

Jesús fue la verdad.

"Yo soy el camino, y la verdad, y la vida; nadie viene al Padre, sino por mí" (Juan 14:6). La integridad de Jesús intimidó a los hipócritas. Ellos reaccionaron ante su pureza. La honestidad es una fuerza. Destruirá las montañas del prejuicio y el miedo en un simple soplido. "Dios no es hombre, para que mienta, ni hijo de hombre para se arrepienta. Él dijo, ¿y no hará? Habló, ¿y no lo ejecutará?" (Números 23:19).

Oración

Padre, enséñame a guardar mi boca y a dejar que solo salga la verdad. Debido a que la verdad no puede ser cambiada, la verdad que yo hablo puede cambiar el mundo. En el nombre de Jesús, amén.

Preguntas

¿Qué situaciones ha enfrentado en su carrera en las cuales la verdad pudo haber sido dolorosa, pero su integridad estuvo en riesgo si no decía la verdad?

LLAVE DE SABIDURÍA

"La verdad es la fuerza más poderosa sobre la Tierra, porque no puede ser cambiada."

¿Qué consejo santo sobre decir la verdad le daría a un recién graduado a punto de comenzar en el mundo de los negocios hoy?

Jesús permaneció en el centro de su experiencia

"Y TAMBIÉN QUE ES DON DE DIOS QUE TODO HOMBRE COMA Y BEBA, Y GOCE EL BIEN DE TODA SU LABOR."

Eclesiastés 3:13

Lo que haga, hágalo lo mejor que pueda.

¿Qué *ama* hacer? ¿De qué le *apasiona* hablar? ¿Qué tema preferiría *oír* más que cualquier otro? ¿Qué haría con su vida *si el dinero no fuera un factor*? ¿Qué es lo que hace *mejor* que cualquier otra cosa?

Su gozo está determinado por hacer lo que ama.

Jesús se asoció con los pescadores. Hablaba con los recolectores de impuestos. Los doctores, abogados y líderes religiosos estaban regularmente cerca de Él. *Pero nunca dudó de su enfoque.* "Cómo Dios ungió con el Espíritu Santo y con poder a Jesús de Nazaret, y cómo este anduvo haciendo bienes y sanando a todos los oprimidos por el diablo, porque Dios estaba con él" (Hechos 10:38).

Jesús conocía su misión.

Jesús permaneció enfocado. Realmente creo que *el desenfoque es la verdadera razón por la que los hombres fracasan.*

LLAVE DE SABIDURÍA

"La única razón por la que los hombres fallan es que no están enfocados."

Algunas personas toman trabajos porque son convenientes o cercanos a sus hogares. Un hombre me dijo que había pasado toda su vida trabajando en un empleo que lo entristecía.

"Entonces, ¿por qué ha usted trabajado allí durante veintisiete años?" le pregunté.

"Queda a solo diez minutos de mi casa", me contestó. "Y dentro de tres años recibiré un reloj. No quiero dejar de trabajar demasiado joven y perder mi reloj de oro."

Lo que usted ama es una clave para su llamado y talento.

Jesús lo sabía.

Oración

Padre, tú has puesto dentro de mí un propósito y diseño específico. Enséñame a permanecer enfocado y a desempeñar con excelencia los talentos que tú me has dado. En el nombre de Jesús, amén.

Preguntas

¿Qué descubrió sobre su propia experiencia cuando respondió las preguntas en el primer párrafo?

¿Cómo puede mantenerse siempre enfocado?

Jesús aceptó la responsabilidad por los errores de los que tenía bajo su autoridad

---

"ANTES SED BENIGNOS UNOS CON OTROS, MISERICORDIOSOS, PERDONÁNDOOS UNOS A OTROS, COMO DIOS TAMBIÉN OS PERDONÓ A VOSOTROS EN CRISTO."

Efesios 4:32

La gente comete errores.

Este no es un mundo perfecto. Su negocio no es un negocio perfecto. Sus amistades no son infalibles. Los que trabajan con usted tendrán errores.

Recuerde, *usted es mentor de los que reciben sus instrucciones*. Ellos están en proceso de crecimiento. Están aprendiendo. Tambalearán y cometerán errores. Algunos serán costosos.

Leí una historia interesante hace algunos años. La secretaria ejecutiva del presidente de una gran corporación cometió un error, que le costó a la compañía $ 50.000. Ella estaba

183

destruida y trajo su carta de renuncia al presidente y le explicó: "Me doy cuenta la tontería que hice. Lo lamento. Sé que le costó $ 50.000 a la compañía. Acá está mi carta de renuncia".

"¿Está loca?" exclamó el jefe. "La he enseñado y educado todas las semanas. Ahora ha cometido un gran error. Recién he invertido $ 50.000 en su educación, ¿y va a dejar? Ahora, señora, no se va a ir. Usted me ha costado demasiado dinero para perder mi inversión en su vida." Ella permaneció y se convirtió en una ejecutiva extraordinaria.

Pedro negó al Señor, pero Jesús dijo amorosamente: "Simón, Simón, he aquí Satanás os ha pedido para zarandearos como a trigo; pero yo he rogado por ti, que tu fe no falte; y tú, una vez vuelto, confirma a tus hermanos" (Lucas 22:31-32).

Los grandes líderes aceptan la responsabilidad por sus dirigidos. Si quiere tener éxito extraordinario en su negocio, sea lo suficientemente fuerte y valiente para asumir la responsabilidad de los errores que cometen los que están aprendiendo y acatando sus ordenes. No se queje. No ande como víctima. Sea fuerte.

Jesús fue nuestro ejemplo supremo.

Oración

Padre, enséñame a perdonar y recuérdame siempre que

ningún hombre o mujer es perfecto. Dame el coraje y la vista anticipada para aceptar la responsabilidad por los que tengo a cargo. Enséñame a seguir en las huellas de Jesús. En el nombre de Jesús, amén.

Preguntas

Cuando un miembro de su *staff* comete un error serio, ¿cómo lo maneja? ¿Le ha pedido alguna vez a uno de ellos que lo perdone por la manera en que usted reaccionó frente a su error?

Cuando uno de sus superiores le cuestiona un error, ¿defiende a quién lo cometió, o lo culpa?

¿Ora por su *staff* regularmente? ¿Cómo esto ha hecho una diferencia en su relación con ellos?

LLAVE DE SABIDURÍA

"El perdón hace posible el futuro."

56

Jesús estuvo dispuesto a aprender de hombres más experimentados

---

"EL UNGÜENTO Y EL PERFUME ALEGRAN EL CORAZÓN, Y EL CORDIAL CONSEJO DEL AMIGO, AL HOMBRE."

Proverbios 27:9

Los maestros son guías en la vida.

Sus maestros no son personas perfectas. Simplemente tienen experiencia en la vida y son capaces de transferirle ese conocimiento. Su maestro puede ser más joven o mayor que usted. Su maestro es *cualquiera capaz de hacer crecer e incrementar su vida*.

Muéstreme sus maestros y yo le anticipo su futuro. "Oirá el sabio, y aumentará el saber, y el entendido adquirirá consejo" (Proverbios 1:5).

Jesús buscaba conocimiento. Cuando tenía doce años, siguió a los maestros de su tiempo. "Y aconteció que tres días después le hallaron en el templo, sentado en medio de los doctores de la ley, oyéndoles y preguntándoles" (Lucas 2:46).

Rut escuchó el consejo de Noemí. Ester escuchó a Mardoqueo. David se sentó a los pies de Samuel. Josué recibió las instrucciones de Moisés. Timoteo fue discípulo de Pablo. Eliseo corrió para permanecer en presencia de Elías.

"Cuando le vieron, se sorprendieron; y le dijo su madre: Hijo, ¿por qué has hecho así? He aquí, tu padre y yo te hemos buscado con angustia. Entonces él les dijo: ¿Por qué me buscabais? ¿No sabíais que en los negocios de mi Padre me es necesario estar?" (Lucas 2:48-49).

Salomón dijo: "Donde no hay dirección sabia, caerá el pueblo; mas en la multitud de consejeros hay seguridad" (Proverbios 11:14). "El que anda con sabios, sabio será; mas el que se junta con necios será quebrantado" (Proverbios 13:20).

Escuche a sus maestros. Siéntese en presencia de ellos. Consiga sus casetes. Absorba sus libros. *Una frase o una oración puede ser la puerta de oro para la próxima etapa de su vida.*

Jesús era enseñable.

Oración

Padre, dame la humildad y la disposición para escuchar al experimentado y al sabio. Gracias por darme el discernimiento para

LLAVE DE SABIDURÍA

"Conozca la grandeza cuando esté en presencia de ella."

saber cuándo debo abrir mis oídos y cuándo debo cerrarlos. Tú me has dado la oportunidad para aprender y alcanzar el éxito. En el nombre de Jesús, amén.

LLAVE DE SABIDURÍA

"El primer paso hacia el éxito es la disposición a escuchar."

Preguntas

¿Cuáles son las tres personas que han tenido el mayor impacto en su carrera?

Enumere una clave de sabiduría que usted haya aprendido de cada uno de ellas.

¿Con qué frecuencia se comunica con su actual maestro?

Jesús no permitía a los que guiaba, que le mostraran falta de respeto

"PORQUE DONDE HAY CELOS Y CONTENCIÓN, ALLÍ HAY PERTURBACIÓN Y TODA OBRA PERVERSA."

Santiago 3:16

Nunca tolere la contienda.

La contienda no se alejará voluntariamente. Debe confrontarla. **Usted nunca corregirá lo que no está dispuesto a enfrentar.** Siempre llame a la rebelión por su nombre. Señale a la rebelión. Cuando hay un rebelde en su compañía, disciplínelo. **Marque a los que crean contienda.** "Mas os ruego, hermanos, que os fijéis en los que causan divisiones y tropiezos en contra de la doctrina que vosotros habéis aprendido, y que os apartéis de ellos" (Romanos 16:17).

Jesús amaba a la gente. Apreciaba pasar horas con sus discípulos. Era un buen oyente. Tenía gracia y humildad. Pero era bastante consciente de algo que cada persona

189

exitosa debe recordar: *la familiaridad puede a menudo dar lugar a la falta de respeto.*

Un día Pedro comenzó a sentirse demasiado cómodo con Jesús. Lo suficientemente cómodo como para corregirlo. "Entonces Pedro, tomándolo aparte, comenzó a reconvenirle, diciendo: Señor, ten compasión de ti; en ninguna manera esto te acontezca" (Mateo 16:22).

De repente, el amable y gentil Jesús reveló su naturaleza de acero. Era inamovible. Era inconmovible. Con una sola oración, Jesús despojó a Pedro de su arrogancia. Este había *abusado* de la relación. Jesús *nunca* le había dado autoridad para corregirlo. "Pero él, volviéndose, dijo a Pedro: ¡Quítate de delante de mí, Satanás!; me eres tropiezo, porque no pones la mira en las cosas de Dios, sino en las de los hombres" (Mateo 16:23).

Jesús no toleraba la falta de respeto.

¿Ve? La rebelión es contagiosa. Un rebelde puede destruir a miles de personas. *Confronte a los que le causan contienda*. No espere que desaparezcan solos. Nunca lo hacen.

El éxito de su negocio depende de un clima feliz y pacífico. Debe estar constantemente consciente de las señales de descontento. Trate con el quejoso antes que se propague como un virus por toda su organización.

El gerente de personal de uno de los presidentes de los Estados Unidos dijo: "Yo dirijo según la filosofía de la

bellota. Busco problemas cuando son del tamaño de una bellota. Rechazo verlos convertirse en grandes robles".

*"La gente raramente respeta y sigue a alguien que
pueden intimidar, dominar o manipular."*

Jesús lo sabía.

Oración

Señor, dame el discernimiento y la valentía para evitar
que los que están bajo mi autoridad sean irrespetuosos. Enséñame a responderles de tal manera que corrija las actitudes equivocadas de las personas bajo mi cargo y así los guíe
hacia estándares más altos. En el
nombre de Jesús, amén.

Preguntas

¿Cuándo fue la última vez que
tuvo que aconsejar a un miembro
del *staff* para que muestre el respeto correcto?

LLAVE DE SABIDURÍA

"Nunca te quejes
de lo que permites."

¿Manejó el tema en público o
en privado?

¿Cómo le respondió esa persona?

¿Cómo usó usted la situación para lograr algo positivo?

Jesús respetó la ley de la siembra y la cosecha

"NO OS ENGAÑÉIS; DIOS NO PUEDE SER BURLADO: PUES TODO LO QUE EL HOMBRE SEMBRARE, ESO TAMBIÉN SEGARÁ."
Gálatas 6:7

Todo comienza con una semilla para sembrar.

Alguien planta una pequeña bellota. Esta se convierte en un roble poderoso. Una pequeña semilla de maíz se planta. Produce dos tallos de maíz. Cada tallo produce dos mazorcas. Cada mazorca contiene más de setecientas semillas. De esa pequeña semilla de maíz, salieron más de 2.800, eso es multiplicación.

Mire la semilla *como algo que puede multiplicarse y volverse más*. El amor es una semilla. El dinero también lo es. Todo lo que usted posee puede ser plantado de nuevo en el mundo como una *semilla*.

Su semilla es cualquier cosa que da, la cual beneficia a otra persona, una sonrisa... tiempo... una palabra de aliento... dinero...

Su cosecha es cualquier cosa que Dios le devuelve que lo beneficia, gozo... paz mental... un amigo... finanzas...

LLAVE DE SABIDURÍA

"La semilla que siembra crea el futuro que Dios le ha prometido."

Sembrar una semilla en fe simplemente quiere decir dar *algo, y tener fe en que Dios honrará su Palabra y le dará una cosecha* de lo que usted le ha dado a Él.

Sembrar una semilla en fe es usar lo que a usted se le ha dado para obtener lo que Dios le ha prometido. Si usted siembra la semilla de la diligencia en su trabajo, cosechará promoción. "El alma del perezoso desea, y nada alcanza; mas el alma de los diligentes será prosperada" (Proverbios 13:4). "La mano negligente empobrece; mas la mano de los diligentes enriquece" (Proverbios 10:4).

Cuando usted siembra amor en su familia, cosechará amor. Cuando siembre finanzas en la obra de Dios, cosechará las bendiciones y la provisión de Dios en su economía.

Jesús enseñó que dar es el comienzo de las bendiciones. "Dad, y se os dará; medida buena, apretada, remecida y rebosando darán en vuestro regazo; porque con la misma medida con que medís, os volverán a medir" (Lucas 6:38).

Esta misma escritura ilustra otro principio increíble: *Cualquier cosa que usted es, creará algo así alrededor de su persona*. Soy irlandés. ¿Qué crearé? Irlandeses. ¿Qué creará un músico? Músicos. ¿Qué creará una sandía? Sandías. Cuando da, la gente a su alrededor comenzará a querer darle.

Es simple, explosivo e innegable.

Jesús enseñó el principio del ciento por uno: "¿De cierto os digo que no hay ninguno que haya dejado casa, o hermanos, o hermanas, o padre, o madre, o mujer, o hijos, o tierras, por causa de mí y del evangelio, que no reciba cien veces más ahora en este tiempo; casas, hermanos, hermanas, madres, hijos, y tierras, con persecuciones; y en el siglo venidero la vida eterna" (Marcos 10:29-30).

Todo lo que usted tiene, vino de Dios. Todo lo que recibirá en su futuro vendrá de Dios. Él es su fuente total para cualquier cosa en su vida. Nunca lo olvide.

Él quiere que usted tenga sus bendiciones. "Porque sol y escudo es Jehová Dios; gracia y gloria dará Jehová. No quitará el bien a los que andan en integridad" (Salmo 84:11). "Amado, yo deseo que tú seas prosperado en todas las cosas, y que tengas salud, así como prospera tu alma" (3 Juan 2).

LLAVE DE SABIDURÍA

"Dar es la única prueba que ha vencido la avaricia."

El secreto de su futuro está determinado por las semillas que siembra hoy.

Cuando usted abre su corazón,

Dios abrirá sus ventanas. Nunca olvide que el diez por ciento de su ingreso es semilla santa. Se lo denomina "diezmo". "Traed todos los diezmos al alfolí y haya alimento en mi casa; y probadme ahora en esto, dice Jehová de los ejércitos, si no os abriré las ventanas de los cielos, y derramaré sobre vosotros bendición hasta que sobreabunde" (Malaquías 3:10-11).

LLAVE DE SABIDURÍA

"Cuando suelta lo que tiene en su mano, Dios soltará lo que posee en la suya."

Usted puede dar en tiempos de problemas. Su semilla puede crear lo que Dios le ha prometido. Recuerde, Dios tiene un Hijo, Jesús. Él "sembró" a su Hijo para *producir* una familia. *Millones se convierten en familia de Dios a causa de su mejor semilla.*

Jesús lo sabía.

Oración

Padre, gracias por mostrarme que si planto la buena semilla, alcanzaré una gran cosecha. Espero el milagro de la cosecha que tú prometiste. Señor, mantén este principio de siembra y cosecha siempre delante de mí y enséñame a honrarte siempre. En el nombre de Jesús, amén.

Preguntas

¿Qué semillas le ha dado Dios para que siembre en las vidas de su empleados y socios?

¿Puede describir un ejemplo cuando plantó palabras de aliento en un miembro difícil y dieron como resultado un trabajador más productivo? ¿Por qué no probarlo hoy?

PARTE II

Cómo disfrutar
la vida vencedora

Cómo disfrutar la vida vencedora

El éxito trae felicidad, y la felicidad es básicamente sentirse bien con uno mismo, su vida y sus planes. O, como un amigo mio dice: "¡El éxito es *gozo*!"

Dos fuerzas son vitales para la felicidad: sus *relaciones* y sus *logros*.

El Evangelio también tiene dos fuerzas: la *Persona* de Jesucristo y los *principios* que Él enseñó. ¿Ve? Una fuerza es el *Hijo* de Dios, la otra el *sistema* de Dios.

Una es la *vida* de Dios, *otra* la ley de Dios. Una es el *Rey*, otra es el *reino*. Una es una *experiencia con Dios*, otra es la *experiencia de Dios*. Una está *relacionada* con el corazón, otra con la *mente*.

La salvación se experimenta *instantáneamente*, pero las llaves de sabiduría se aprenden *progresivamente*.

Ambas fuerzas son absolutamente esenciales para el éxito y la felicidad total.

Usted puede ser un *miembro de la iglesia* y religioso en su experiencia, pero vivirá en continuos períodos de *frustración si no tiene el conocimiento de las leyes del éxito establecidas en las Escrituras*. La *experiencia* con Dios nos capacita para enfrentar las situaciones que surgen en nuestra vida diaria.

Usted puede ser alguien que *no es miembro* de la iglesia,

o un incrédulo. Puede experimentar tremendo éxito y logros en lo social, en lo financiero, en lo familiar, a través de la simple aplicación de las leyes de la vida establecidas en la Biblia. Pero sin una *experiencia* con Jesucristo, el Hijo de Dios, siempre sentirá un gran vacío y soledad, una sensación de que "algo le falta a su vida".

La promoción en el trabajo, las grandes finanzas y la aceptación social elevarán y acentuará el vacío, en vez de llenarlo. *Dios no ha creado un mundo en cual Él no fuera necesario.*

El éxito es el *logro progresivo de las metas planeadas por Dios.* Es el logro de la voluntad y los planes *del Padre.* Es importante que tengamos un *sueño* o propósito en nuestras vidas. José tuvo un sueño. Jesús tenía un propósito.

Nuestras metas deberían ser ordenadas por el Señor. David quería edificar el templo, pero su deseo no era una meta planeada por Dios. Salomón fue el constructor que Dios había elegido. Algunas veces nuestros deseos personales son contradictorios a los planes de Dios.

LLAVE DE SABIDURÍA

"Nunca hable palabras que hagan pensar a su enemigo que él está ganando."

¿Cómo sabemos la diferencia? *Debemos consultar* con el Padre. A través del estudio de la *Biblia* y el tiempo de oración, descubrimos los planes de Dios. Generalmente son revelados paso a paso.

Si su deseo por algo *PERSISTE*, probablemente sea una indicación de que Dios quiere que usted se involucre en eso. Por ejemplo, Dios eligió a Salomón para edificar, pero David **PREPARÓ** los materiales.

Obviamente, debemos *saber* lo que Dios quiere que hagamos *antes* de poder hacerlo. *BUSQUE* señales. *ESCUCHE* al Espíritu. Evalúe. Cultive la *respuesta instantánea* a la voz de Dios. *Elimine lo que le haga perder el tiempo* en su vida. Concéntrese en conectarse con Dios.

Rechace todo comentario que produzca duda y derrota. Jesús no dio la misma calidad de tiempo a los fariseos que a la mujer samaritana. Él discernía *el propósito de cada conversación*, si venía de un corazón hambriento o de una actitud crítica.

El VENCEDOR conoce el poder de las palabras. Rechace soltar palabras de derrota, depresión y desaliento. Sus palabras son vida. Exprese esperanza y confianza en Dios. Emociónese en planear sus triunfos, usted no tiene tiempo para quejarse sobre las pérdidas del pasado.

El VENCEDOR espera la oposición. Reconozca que la adversidad tiene ventajas. Esto revela la profundidad de las amistades. Lo forzará a cavar más para obtener mejor información correcta. Lo ayudará a decidir en qué usted realmente cree.

El VENCEDOR espera la sabiduría especial. "Y si alguno de vosotros tiene falta de sabiduría, pídala a Dios, el cual da a todos

LLAVE DE SABIDURÍA

"La adversidad es el campo fértil para los milagros."

abundantemente y sin reproche, y le será dada" (Santiago 1:5). La *sabiduría es la habilidad para interpretar una situación a través de los ojos de Dios*. El entendimiento y la sabiduría son las llaves de oro para dominar cada circunstancia en la vida. Estas vienen a través del ESTUDIO DE LA PALABRA. "La exposición de tus palabras alumbra; hace entender a los simples" (Salmo 119:130).

Los VENCEDORES son diferentes a la "multitud". *Nunca* justifique el fracaso. Rechace quedarse atascado por culpar a otras personas. *¡Esfuércese por alcanzar el éxito!*

¡Cuando se decida, es solo un asunto de tiempo!

Sobre el autor

El Dr. Mike Murdock es reconocido como un motivador y exitoso escritor. Más de 12.000 personas en treinta y seis países han asistido a sus seminarios y a sus cruzadas en las iglesias.

Murdock es un prestigioso autor de muchos *best-sellers*, entre ellos *Secretos del hombre más rico del mundo*, publicado en español. Es un consumado pianista, cantante y compositor con más de cinco mil canciones en su haber. Ha grabado más de diez álbumes y publicado cincuenta y siete libros. También organiza un programa de televisión semanal llamado: *Las llaves de la sabiduría con Mike Murdock*.

Esperamos que este libro
haya sido de su agrado.
Para información o comentarios,
escríbanos a la dirección
que aparece debajo.

Muchas gracias.

PENIEL
info@peniel.com
www.peniel.com

Beto y Delia:
Jamás desistan de
sus Metas!.

CPSIA information can be obtained at www.ICGtesting.com
Printed in the USA
LVOW131305080513

332857LV00001B/1/P

9 789879 038567